斎藤一人さんの
“ひとり言”

出会いで人生は輝く

運命の循環
人の縁《えにし》と仕事とお金

[著]
斎藤一人
柴村恵美子

はじめに

「誰に会いに行くか」「前世、誰と出会ったか」よりも大切なこと

斎藤一人一番弟子・柴村恵美子

「いつになったら〝運命の人〟と出会えるんだろう」

「出会いがほしいけど、マッチングアプリに登録するほど度胸がない」

「ステキな人と恋をしたいな」

「ともに成長できる、よき仲間がほしい」

「自分の可能性を引き出してくれる、よき指導者と出会いたいな」

「仕事に恵まれ、収入も増える、そんな〝出会い〟はどこに行けばあるだろう」

「もっと〝いい出会い〟があったら、私はもっと幸せになれるのに」

と考えたことがある方は多いのではないでしょうか。

私もそう思ったことがありました。

もしかすると、あなたも、そうかもしれませんね。


そんなあなたへ伝えたいことがあって、ペンをとったのですが——。


「〝いい出会い〟は、どこに行けばあるんだろう」

「どうすれば自分にも〝いい出会い〟がおとずれるのかな」

あなたがもし、この問いの答えが知りたくて、本書を手に取ってくださったのだとしたら、ごめんなさい。

この本のなかには、みなさんが「出会いたい」と思っているその人と出会うためのノウハウも、出会った人と親しくなるための技も、コミュニケーションの極意も見つけることはできないでしょう。

なぜかというと、それは、この本の目的とは異なるものだからです。

私がみなさんに届けたいもの、それは、

「いま自分の目の前にいる人と出会った意味・目的に気づく」

そのための〝きっかけ〟です。

出会う人はみな、何かの縁でつながっているんです

この本をつくるにあたって、そもそも〝出会い〟とは何だろうと私は考えました。

いろんな言い方ができると思うのですが、私はこう思っています。

〝出会い〟とは縁であると。

縁とは、人と人とのかかわり、つながりのこと。

あるいはまた、〝出会い〟をもたらした〝きっかけ〟を意味することもあります。

ということは、私たちの目の前に現われる人は、何かの理由があって目の前に現れた〝縁のある人〟なのです。

もちろん、あなたが日々、会う人、会う人もそう。みんな〝縁のある人〟なのです。

だからといって、人と会うたびに、

「どういうわけで、この人と私は出会ったんだろう」

と考える必要はありませんよ。

そのようなことで頭を悩ませるより、もっともっと大切なことがありますので、それ

をお伝えしますね。

それは、目の前の人に愛をもって接することなんです。

「目の前の人に愛をもって接する」理由

なぜ、目の前の人に愛をもって接するのですかって？

それは、私たちは、日々、会う人、会う人との縁をよりよいものにするために、今世、生まれてきたからではないでしょうか。


私の師匠ひとりさんは、こう言います。

「縁には、今世つくる縁もあるけれど、前世からもってきた縁、というのがあるんだよ。前世からもってきた縁には、いい縁と、そうでない縁があるんだよ。いい縁だったらいいんだけど、そうでない場合は、かえていかなくちゃならない。たとえば健康体だったら、それでいいけど、体力や免疫力が弱い場合は健康になる努力をしていかないといけない。

その努力をしないでいたら、病気をしてベッドでふせってばかりいる人生になっちゃ

うかもしれないんだよね。それじゃあ、あまりにも楽しみがないじゃない？
それと同じで、よくない縁をもってきたのだとしたら、よくしていかないといけない。
そのほうが、より充実した人生が送れるからね」

わが師〝ひとりさん〟とは？

私の師匠ひとりさんのご紹介がまだでしたね。

ひとりさんとは、累積納税額日本一の事業家であり、人生がより一層楽しく豊かになる本を三〇〇冊以上出している斎藤一人さんのことです。

ひとりさんと出会ったのは、私が一八歳のときでした。

入学した指圧の専門学校で、ひとりさんとは同じクラスだったのです。

ひとりさんは授業をサボってばかり、真面目な生徒ではありませんでしたが、クラスメイトたちも学校の先生も、ひとりさんのことが大好きでした。

それは、ひとりさんが、みんなの心をほっこりさせたり、楽しくて前向きになる話をしてくれるからなのでした。

そんなひとりさんがあるとき、「心が豊かになる会をつくったよ」と言ったのです。

私はわくわくして「入会します！」と言いました。そして、ひとりさんに尋ねたのです。「他のメンバーは？」って。

すると、ひとりさんはニコニコ笑ってこう言いました。

「オレと、恵美子さんの二人だよ」

そうです、私は期せずして、ひとりさんの一番弟子になってしまったのです。

そして、私は「会う人会う人に愛をもって接する」ことを実践することになりました。

目の前の人に愛をもって接すると、人生が好転する

ひとりさんの教え方は、まず「やり方」を教えるのです。

なぜ、それをやるといいのか、という話はほとんどしません。

会う人、会う人に「愛をもって接する」ことについても、そうでした。

「会う人、会う人に愛をもって接すると、人間関係も、仕事も何でも、うまくいく。運命が好転するよ」と言ったぐらいでした。

それでも私はひとりさんを信じて実践しました。

実践を続けることによって人間関係で悩むことが徐々に減ってきて、愛のあるステキな人と出会うことが増えてきて、はじめて、私は「ひとりさんが言っていたことは本当なんだ。人生が好転してきた！」と思いました。

そして、私は、ひとりさんから教わったことを周りの人に伝えたのです。

すると、周りの人の人生も好転していきました。

ふいにおとずれた、奇跡の出会い

ビルの上から、手にもっていたリンゴを手放せば「引力の法則」により、地上に落下します。どこの国に行っても、同じ結果が出ます。

「人に愛をもって接していると、人生なんでもうまくいく」「運命も好転する」というのは、「引力の法則」と同じで、誰でも、どこの国でも通用する法則です。

あなたが〝いい出会い〟を求めているのなら、この法則を試してみてください。きっと、あなたが思い描いている〝いい出会い〟を呼び寄せることができることでしょう。

いいえ、「こういう人と出会いたいな」という思いもイメージもなく〝いい出会い〟を引き寄せることもできてしまうかもしれません。実際、私はいままで何度も、そういう経験をしてきました。

たとえば、私はあるとき、ふと「世界的に有名になる」と思ってしまったんです。いきなり「世界的に有名になる」がきちゃったから、これから何をしよう、こうしよう、という具体的なプランも、コネクションも何もありませんでした。

ところが、あるとき知人がわが家に遊びにきたときに、アメリカ人のお友だちを連れてきたのです。

そのとき私は、このアメリカ人が、私の公式ＹｏｕＴｕｂｅチャンネルで視聴回数四〇〇万回以上となった、動画「アキンド・ファイター」を制作するとは想像だにしなかった。ましてや、この動画が、ラップの神さまとして知られる、スヌープ・ドックさんの目にとまり、彼からのメッセージが届くなんて、想定外だったのです（興味のある方は拙著『斎藤一人　昇り龍に乗る！』マキノ出版刊をお読みください）。

出会いの意味・目的に気づけば、愛に戻れる

「会う人会う人に愛をもって接する」と口で言うのは簡単なこと。

実践するのはたいへんだ――。

いま、そのようなことを考えている人もいるのではないでしょうか。

そう思ってはいけないというよりも、その通りなのです。

かく言う私自身、いきなりできるようになったわけではありません（もっと言うと、いまも完ぺきにできているとは思っていません）。

ついうっかり、「やっちゃった」ということがあります。

愛をもって人に接することはもちろん、会う人、会う人、みな〝縁のある人〟だということすら忘れてしまうこともあります。

そんなとき、ひとりさんは「いま自分の目の前にいる人と出会った意味・目的に気づく」言葉をその都度言ってくれました。そのおかげで私は軌道修正して愛に戻ることができたのです。

みなさんにも気づきの言葉があればいいのではないでしょうか。

人間の本質は「愛」だから、気づきの言葉があれば愛に戻れます。

私はそう思い、お節介ながら、ひとりさんの言葉「ひとり言《ごと》」をみなさんにシェアしようと考えました。


この本は基本的に、右ページに「ひとり言」、左ページに一番弟子・柴村恵美子の思いとお話が入る（小見出しと太字も「ひとり言」です）、という構成になっています。

この本の最初から順番に読んでいただいても結構ですし、自分が気になっている章から読んでいただいても十分楽しんでいただける構成になっています。


あるいは、人間関係について迷ったり、悩み・問題があるときに目についた「ひとり言」に、その問題を解くヒントが隠れている、かもしれません。

読者のみなさんが心楽しく豊かになるような〝出会い〟を呼び寄せたいときに、ぜひ、この本を開いてみてください。

斎藤一人さんの〝ひとり言〟出会いで人生は輝く　目次

ブックデザイン　亀井英子
協力　道井さゆり
編集　鈴木七沖（なないち）

第一章

人は〝かがみ〟

〝いい出会い〟を呼び寄せるための「ひとり言」

家族や友だち、職場の同僚や先輩、上司、近所の人、

私たちの目の前に現われる人はみな、

〝かがみ〟としての役割を果たしています。

そう、みなさんがふだんよく見る鏡といっしょなんです。

あなたは、ふだん身だしなみを整えるために鏡を見るでしょう。

あなたの目の前にいる人もそれと同じです。

目の前の人は自分の内面を映します。

それを見て自分の心を整えるのです。

鏡の前にリンゴを置いたのにミカンが映ることはありません。
あなたの目の前にいる〝かがみ〟も同じです。
ありのままの自分に気づき「わかってあげよう」と思えたとき、
自然と、人に対してもわかってあげようとする自分になります。
そんな愛情深い心がやがて〝いい出会い〟を呼び寄せるのです。
この章では、目の前に現われる〝かがみ〟を通じて、
自分を見つめ、心を整えることを私に教えてくれた
「ひとり言」をご紹介します。

〝運命の人〟っているよ。
それも、三日に一回は現れるんだよね。

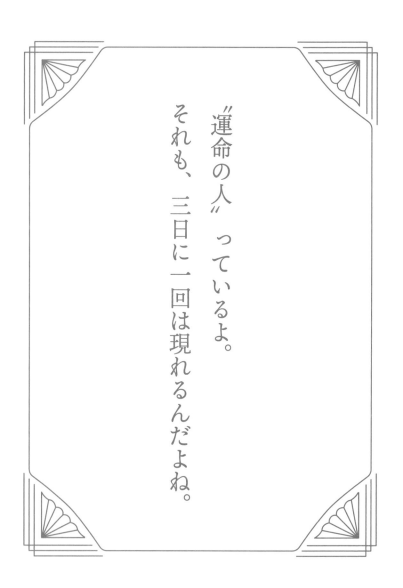

〝運命の人〟と会うのは一生に一回と思っていると、なぜか、なかなか出会えないことが多いよね。

〝運命の人〟って本当にいるんですか？　ひとりさんや私は「いる」と思っています。それも、三日に一度は〝運命の人〟が現れる、と思っているんです。

不思議なのですが、「〝運命の人〟と会うのは一生に一回」と思っていると、なかなか出会えないことが多いのです。

ところが、「三日に一度」と思うと、おしゃれやお化粧にも気愛が入るんです（ひとりさんは「気合」を「気愛」と書きます）。「三日に一度」だと、いつどこで会うかわからないですよね。だから、いつも笑顔で人に親切にして、みんなが晴れやかな気持ちになるような話をしようって、なると思うんですよ。

そうすると、実際に三日に一度〝運命の人〟が現れるかどうかは何とも言えないのですが、あなたの周りには、魅力的な人が集まってくることだけは確かです。

なぜなら、いつも笑顔でやさしくて、話す言葉がステキなあなたは魅力的だから。

人は自分を映し出す〝かがみ〟なの。
目の前にいる人を見ていると
ありのままの自分がわかる。

目の前の人に全力でスポットライトを当てる。そのスポットライトが自分に跳ね返ってくるんだよ。

〝かがみ〟に光を当てると光がはね返ってくる、それと同じように、目の前の人はあなたが与えたものをはね返してきます。たとえば、あなたが相手を嫌っていると、それが自分にはね返ってくる、つまり、目の前の人はあなたのことを嫌うんです。

笑顔で接すると笑顔が返ってくるし、憎しみをいだけば憎しみが返ってきます。

それから、私は昔から、ひとりさんを広めることが自分の使命だと思っていて、YouTubeなどで、私なりに一生懸命、伝えているんですね。

使命と言っても、私としては、やりたくてやっていることなんですが、ひとりさんはこう言います。

「『やりたくてやっている』と言うんだけど、それは一方的なことではないんだよ。オレはオレで、一生懸命、恵美子さんにスポットライトを当ててきたんだよね」

よく〝かがみ〟を見る人は
幸せになれるよ。

全力で恵美子さんにスポットライトを当てたのは仲間だから。自分の仲間には全力になっちゃうんだよ。

「全力で恵美子さんに光を当てたオレに、はね返ってきたんだ。何かを期待してやったのではないけれど、人は〝かがみ〟自分が出したものをはね返すのが自然の摂理なの。だから逆に、『親切にしてあげたのに、何よ、あの人は』と思うようなことが返ってくるんだとしたら、相手の人におっかなビックリ斜めから光を当てていたのかもなって、自分のことがわかるんだよ」と、ひとりさんは言います。

嫌なものがはね返ってきたとき、それを制裁や罰だと思わないでください。〝かがみ〟がはね返したものを見て、自分自身をふりかえり、「自分って、こういうところもあるんだな」と自身をわかってあげることが大事です。「自分のここがダメなんだな」って、自分を否定してはいけません。反省よりも、自分のことをわかってあげるんです。

周りの人のことより、自分が自分自身を理解するんですか――って、そうではないのです。周りの人のこともわかってあげられる愛の人になるために、まず自分が自分自身を理解してあげることを覚えなくちゃいけないのです。

「あの人ったら、もう頑固なんだから！
でも、私も頑固なとこ、あるし」
みたいな、
同類相あわれむ思いやり、
そういうのが出てくるといいんだよ。

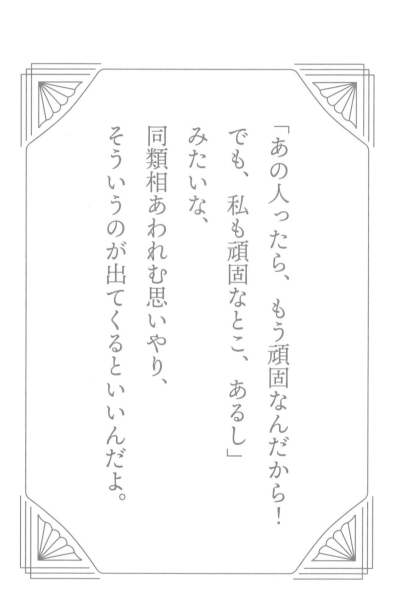

違いばかりを見ていると「対立」が生まれちゃう。共通するところを見てると、ゆるしあえるんだよね。

「自分はこうだけど、あの人はそうじゃない」と〝違い〟ばかりを注目すると、両者の間に対立を生んでしまいかねません。それより、互いの共通点を探してみることです。それも、できるだけ、くだらない共通点を探してみるんです。

ひとりさんはこう言います。

「たとえば、男同士だとしたら、『女性にモテたい』とかさ。頼んだビールがなかなか出てこないとイラっとするとか。家に帰ると最強の修行相手（奥さん）が待っているとか。探しはじめると〝違い〟なんていうのはたかがしれてて、共通点のほうが多い、ということがわかってくるよね。

食べ過ぎると太るとか、ほめられると喜ぶとか、けなされると頭にくるとか、共通するところを見ているうちに『自分も、あの人とそんなに違わないな』『あの人のこと言えた義理はないよな』って、なぜか自分も、相手のことも、ゆるせるようになってくるから面白いんだよ」

この宇宙には
「バランスの法則」
というものがあるんだよ。

ひとりさん流・楽しい縁学～師匠と一番弟子の対話❶

「自分を守ってくれる人が好きって言うけど、長続きする関係は〝どっちも〟なんだよ」

ひとりさんや仲間たちとドライブを楽しんでいたときのことです。

私はいつものように仲間たちと雑談をしていました。

雑談の内容は「男性の上司が女性の部下にモテる条件」でした。

ひとりさんはいつものようにニコニコ楽しそうに、私たちの雑談を聞いていました。

「ある男性の上司が、職場の女子たちの間で、すごく人気があったんですって。ところが、あるとき、売り上げが低迷しているのは部下のがんばりが足りないせいだって、うっかり言っちゃったら、人気が暴落したらしいのね」

「私の責任です、って言えば、人気が出たのにね」

「自分を守ってくれる人が好きっていう女性が多いからね」

仲間たちとそんな話をしていたら、

「それ、おかしくない？」と、ひとりさんのひと言。

私たちはあわててバッグからＩＣレコーダーを取りだし、録音の準備に取り掛かります。準備が整ったところで、ひとりさんは再び話しはじめました。

「この宇宙には、『バランスの法則』というものがあるんだよ。自分は相手を守る、相手の人も自分を守ってくれる、そうやって互いに守りあう関係はバランスがとれていて、長続きするんだよ。片方だけが得をするような関係は続かないよ。バランスがとれてないんだもん」

ひとりさんの話を聞きながら、私は「確かにそうだな」って思いました。

というのは、ひとりさんって、私たち弟子はもちろんのこと、弟子の会社のスタッフ、特約店さん、ひとりさんファンに一生懸命、尽くそうとしています。

でも私たち弟子やスタッフ、特約店さん、ひとりさんファンまでもが、ひとりさんのことを一生懸命、守ろうとしているんです。ホントなの。

さらにひとりさんは話を続けます。

「この前、若手経営者に質問されたんだよ。出会いについてどう思っていますか、って。

オレは、出会いを求めたことはないんだよね。それよりも、いまここ、目の前なの。目の前にいる人に全力で何ができるか、なんだよ。

いまはこうして、みんなと会ってるから、みんなが楽しくなる話、何かためになるような話をしているんだよね。

自分が好きでやっていることだから、みんなにも、そうしろとは言わない。

ただ、人から何かを与えてもらうばかりでは幸せになれないよ。人から与えてもらった幸せは必ず消えちゃうの。

何より、何かを与えてくれることを期待して近寄ってくる人がいたら、みんなはどう思う？　『また会いたい』って思うかい？　思わないよね。

たとえば、これからは人と会うときに『この人に何を与えられるだろう』という気持ちで、会うようにしてごらん」

そんなひとりさんの背中を見ながら、私も目の前に現われた人が楽しく豊かになるような話を全力で話すようになっていました。そして、ひとりさんが言った通り、昔、自分が与えたものが形をかえ、いろんな人を経由して、返ってきているのです。

人に対して「ダメだ」と思うこと、
それ自体が毒になるんだよ。
正しいとか、正しくないとかいう
問題以前に、
あなたがその毒に当たっちゃうの。

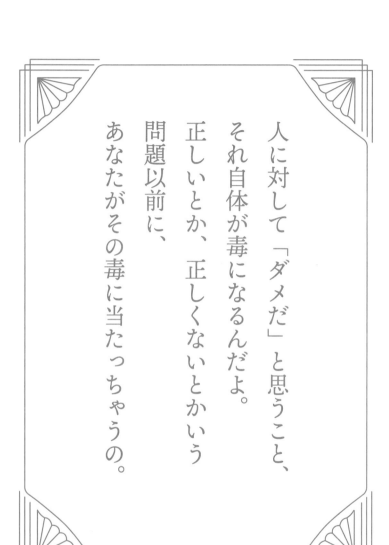

「この人はココがダメだ」「あの人はココがダメだ」と言っていると、ダメな人に囲まれて生きるようになってきて、自分が苦しむんだよ。

人間というのは、ものすごいパワーをもっています。思ったことが現実化しちゃうんです。たとえば、「この人はダメだ」と決めつけてしまうと、実際にそうなっちゃうことがあるのです。それだけではありません。

相手の人は「ダメだ」と思っているあなたのことを嫌いになるんです。

そうやって、お互いが〝嫌いの波動〟という毒を出しあっていると、その毒に周りの人もやられちゃうし、何より自分自身もやられるんです。

無理して信じなくても全然ＯＫなんですよ。ただ、「この人はココがダメ」「あの人はココがダメ」って〝ダメ出し〟していると、ダメな人に囲まれて生きるようになってくることだけは確かなんです。それによって苦労するのは他の誰でもない、自分です。だって自分の周りはダメな人ばかりなんですから。

バカバカしいでしょ？　バカバカしいと思ったのならば「いまが、やめどき」なのかもしれません。

実を言うと「幸せになる」ことは
いとも簡単なんだよ。
ゲーム好きはゲームをしているときが幸せ。
釣りが好きな人は、釣りのことを
考えていれば幸せなんだよね。
幸せになるのに努力なんて必要ないんだよ。
じゃあ、苦しんでしまう人がいるのは

どういうわけなんですか？

理由はいろいろあるけど、
自分が幸せになることをしないんだよ。

「これ、やりなさい」

「あれ、やりなさい」

嫌なほうへチェンジさせようとするんだよ。

だから、たいへんなんだよ。

〝いいこと〟を教わったとき、
ほとんどの人はやらないよ。
それが「ふつう」なんだよ。

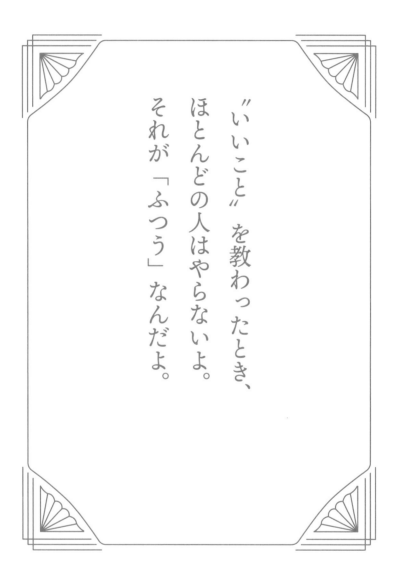

〝いいこと〟を教わったとき、「やってみよう」とする人は少数派だよ。

〝いいこと〟を教えたからといって、全員が実践するわけではありません。むしろ、ほとんどの人は実践しない、それが「ふつう」です。

ひとりさんはこう言います。

「世の中には『〝ふつうの人〟を底上げする』のが得意な人っているよね。それは悪いことではないんだよ。そういうサービスを求める人もいるんだよね。

ただ、ひとりさん個人の考えとしては、やりたい人はやればいいし、そうでない人はやらなくていいの。やりたくない人に無理やりやらせることはしたくないんだよ。

競馬馬の調教師は、馬を水飲み場に連れていくことはできても、飲ませることはできないんだよね。馬自身が飲もうと思わないかぎり、飲まない。

動物と違って〝自分の意志〟というものをもっている人間は、なおさらそうなの。自分がかわろうとしないかぎり、絶対にかわらないんだよ」

〝相手がかわろうとしないかぎり、相手はかわらない〟というなかで、私たちにできることは何だろうと考えたとき、相手がやろうが、やるまいが関係なく淡々と、楽しくてためになる情報を発信し続けること、それだけなんじゃないかと私は思うのです。

〝いいこと〟を教わって、やろうとしない人は
やがて、ゆるやかな成功の道を歩きだす人なんだよ。

「本を読む人は行動しない」という話をときどき耳にするのですが、本を読まないのが「ふつう」なんですよね。いま、本を読む人って、すごく少ないでしょう？

だから、ひとりさんは本を読んだだけで「成功者だ」と思えるそうです。本を読んだ時点で知識は脳のなかに入っているんだよ、すごいじゃないか、って。

何を言いたいのかというと、〝いいこと〟を聞いても、やらない人はやらないのです。怒鳴ろうが何をしようが、やりません。

その人は、何か事情があって、やれないのです。

「そんなこと、やらない理由にはなりませんよ」と思うこともあるでしょう。でも、相手と自分は違います。あなたにとって「理由にならないこと」でも、相手には「十分な理由」なのです。そして、相手は「それでも、がんばって生きている」のです。

そのことを理解し、その人を認めてあげたほうが〝よくなる率〟は高いとひとりさんは言います。

「『でも、ひとりさん、強制的にでもやらせた結果、その人は成功しましたよ』って言うけど、認めてあげたほうが、もっとよくなっていたかもわかんない。と、ひとりさんは思ってる人なんだよ。

だから、『本を読むことしかできない』とか否定から始まるんじゃなくて、『本を読んでいるだけで成功者だ』って、いまのその人を肯定するんだよね。オレの場合はね。

人というのは、いまの自分を肯定されたときに、はじめて〝次の一歩〟が出るものなんだよ。否定されながら〝一歩〟は出せないんだよ、わかるかい？」

そういうひとりさんだから、もし「私は本を買ったけど、まだ読めてないんです」と言う人がいるとしたら、「買っただけでもえらいよ」とひとりさんは言うんです。「読もう」と思っただけ、えらいじゃないかって。

ひとりさんは〝次の一歩〟を出させたくて、そう言っているのではないのです。

その人のことを「がんばって生きているんだな」という目で見ているのです。後悔の念だとか、いろんなものを背負いながらも、一生懸命、自分を生きている、その人のことを「がんばってるな」って。

「だから、その人の肩の荷を下ろしてあげたい。正々堂々と楽しくのびのびと自分の道を歩いていってほしい。オレが望んでいることは、それだけなの」（byひとりさん）

能力も、もちろん大事なんだけれども、
最終的には「器量勝負」なの、
この世の中は。

ひとりさん流・楽しい縁学〜師匠と一番弟子の対話❷

「〝繰り返すタコ現象〟っていうのがあるんだよ」

子どもの頃の私は、学校の勉強が好きではありませんでした。

だから、学校の先生たちからは「やればできるのに、なぜ、やらないんだ！」とか言われていました。

私は心のなかで「うるさいなあ。やめてくれないかなあ」と思っていたんです。

そして、「あんな大人になんか、私は絶対ならない！」と決めていました。

なのに、私ったら、ついうっかり、やっちゃったんです。

私としては、みんなを励ますつもりで、「あなたも、がんばればできる」と言っていました。

でも、それを「重圧」と感じてしまう人もいるんですよね。

だから、人をよーく見て、言葉を選ばないといけないんだなって、学びました。

そのことを、ひとりさんに報告すると、

「〝繰り返すタコ現象〟って知ってる？」

と、ひとりさんに言われました。

「えっ、何ですか、それ」

そのとき、ひとりさんはこんな話をしてくれたんです。

「タコは一生涯のうちに、たった一度だけ繁殖を行う動物なんだって。それも、人生最後の一大イベントらしいんだよね。

役目をはたしたオスは生涯を閉じるけど、メスは産卵して、卵が孵化《ふか》するまで、飲まず食わずの状態で卵を守り続けるの。そして、孵化した頃に、タコのかあさんは死んじゃうの。

タコの子どもはどうなるかというと、親にしてもらったことをそのままやるの。代がかわっても、同じことを延々と続けているんだよね」

「それが〝繰り返すタコ現象〟なの？」

「というよりね、これって人間のことなんだよ。自分が子どものときに、やられて嫌だったことを、大人になったら、ついうっかり、自分の子どもとかに言ったりするじゃない？　それを、人類はずーっと、繰り返しているの」

「なるほど、親の親の、そのまた親の、ずっと前から〝よくない習慣〟を繰り返してきてやめようとしない、それが〝繰り返すタコ現象〟なんですね」

ひとりさんは、うなずくと、続けて言いました。

「ただ、人間がタコと違う点は、人間は意志と知恵をもっているの。たとえば、恵美子さんは、ついうっかりやっちゃった、って気づいたでしょ？気づいたら、もう成功なんだよね。

気づいたら、『もう、やらない』って思うじゃない？

『やらない』って思えば、そのことは今後、繰り返されることはなくなるんだよ」

「なるほど、だから、気づけば成功なんだ」

「その通り！」ひとりさんはニコっと笑うと、

「今のは意志の話だよね。じゃあ、知恵とはなんですか、ということなんだけど――」

私は聞き逃すまいと、やや前のめり気味の姿勢をとり、次の言葉を待ちました。

「知恵とは、たとえば、与えられたものを使って、人の肩の荷を下ろしてあげることだったりするんだよな。

恵美子さんの場合、出世して、いま社長をやっているじゃない？

出世をすると、人の肩の荷を下ろしやすくなるんだよ。

どういうことですか、というと、たとえば、こういう質問がきたとする。

私は三日坊主で続かないんです、どうしたら続けられますかっていう質問がね。

当人の話を聞くと、日記を書くのが続かないとか、パズルを買ったのに途中で飽きてやめちゃったとか、続ける必要のないことを続けられないって悩んでるの。

さらに話を聞くと、そういう人は過去に『続かないことで責められた』体験が、ずいぶん、あるんだよ。心のどこかにその記憶がいまも残っていて、それが心の重荷になっていることがあるんだけど、恵美子さんが、

『そんなの、私だって続いたことがないわよ。でも、続かなくたって困ったことは一度もないもん、全然、大丈夫』

そう言ってあげると、相手の心の重荷が軽くなるんだよ。

ところが、昔の〝えみちゃん〟が『あら、あなた、そんなの気にすることないわよ』と言ったって――」

「大丈夫なような気がしない（笑）」

「でしょ？　説得力が違うんだよな」

「そっか、出世はいばるためのものじゃない、人の肩の荷を下ろしてあげるもの」

「そういうこと。じゃあ、出世していない人は、お役目がないのかというと、そんなことはないよ。与えられたものを使って、明るく楽しく幸せに生きること、その姿を周りの人に見せること。それを昔の人は〝徳積み〟と言って、周りの人を助けることなんだよね。

そして、これこそが人を〝知恵の動物〟たらしめることなの」

あのとき聞いた話は、何十年たった今も忘れずに覚えています。

「与えられたものを使って、明るく楽しく幸せに生きること、その姿を周りの人に見せること。それが、周りの人を助けることなの」

ひとりさんのこの言葉は、私の人生のバックボーン（背骨）になっているのです。

みんな、がんばってるの。
それをわかってほしい、
そう思うのが人間なんです。

身近に〝わからず屋〟が多いんです。一番わかってくれないのは、自分自身かもわかんないね。

完ぺきな人間はいなくて、人には必ずできることと、できないことがあるんです。

そのなかで、みんな一生懸命、仕事をしたり、子育てをしたり、家のことをやったり、病気を治そうとしたり、泣いたり笑ったりして生きています。

それを見て私は「がんばってる」と思うから「がんばってるね」って言うんです。

すると、言われた人は、「自分を認めてくれる人がいたんだ」って、うれしくなる、楽しく自分の道を歩いていけるでしょう。

要するに、わからず屋が多い、ということなんですよね。

親はわかってくれない、学校の先生もわかってくれなかった。パートナーもそう。

でも、いちばん、わかってくれないのは、もしかしたら自分自身かもしれません。

自分のために一番がんばってくれているのは、他の誰でもない、自分なんですよ。

「あなたがそれを認められないとしても大丈夫だよ、あなたに代わって、ひとりさんが言い続けるから。あなた、がんばってるね、って」（byひとりさん）。

人は神さまの力を借りて強くなる。
神さまは、人から畏敬《いけい》の念を
あびることで強くなる。
だから、どっちがどっち
じゃないんだよね。
互いに〝大切な存在〟なの。

個性というのは、パズルのピースのように凸凹しているんだけど、互いの凸と凹をおぎないあって一枚のキレイな絵を完成させるんだよね。

「神さまが人間を創った」という考え方をしている西洋の国では、神さまは創造主で、人間は創られたもの、という関係になりますが、日本の神道は、そうじゃないんです。

キャンドルサービスで一本のろうそくの火を、他のろうそくに分け移していくのと同じで、「神さまの御霊を分け移されたのが人間」だと考えるのが、日本の神道です。

さらに、人間が神さまをうやまうことで神さまの力が増し、人は神さまに守られ導かれて運を開く。つまり、互いが互いをおぎない高めあう存在だと考えます。

日常生活においても、このような考え方で人と接したいものですね。

たとえば、人にはそれぞれ、できることとできないことがあるじゃないですか。それは、できる人が上でできない人が下だとか、そういう関係をつくるためにそうなっているのではないと、ひとりさんは私に教えてくれました。

「人間は一人ひとりデコボコしているけど、それが集まってひとつの丸になるの。つまり、互いにおぎないあい感謝を知るために、人はデコボコしているんだよ」って。

真顔より笑った顔のほうがいい。
世の中が暗いときほど、
「ついてる」と言ってるほうがいいの。
なぜなら〝明るさ〟が
求められているから。

人の悪口を言わないのは自分のため。「悪口を言わないほうがいいよ」と伝えることは〝神さま助け〟なの。

努力をすることも大切で必要なんですが、たとえば、自分の能力が「五〇」だとしたら、神さまが味方をしてくれたら「五〇かける五〇以上」なんです。すごいでしょ？

ただ問題は、どうやったら神さまが味方してくれるのか、ということなんですよね。

私はひとりさんから**「奇跡が起きてほしいなら、人の悪口を言わないことだよ」**と教わりました。そして、ひとりさんは商売の利益だけで納税日本一になったのです。

何を言いたいのかというと、自分が知っている〝いいこと〟、たとえば「人の悪口は言わないほうがいいよ」って周りの人に伝えると、神さまが助けてくれます。

神さまが理想とする世界は、悪口や不安や心配、怖れのない、明るい世界なんです。「悪口を言わないほうがいいよ」って人に伝えることは、神さまのお手伝いをしているのといっしょなんですよ。だから、神さまが助けてくれる。

事実、ひとりさんも私も、相当、助けてもらっているんですよ。ほんとうに。

人助けは自分助け。
人に〝いいこと〟を教えるときだって
「自分のためだ」
と思うからやれるんだよ。

〝いいこと〟を教えるのをためらうときって、たいがい、相手が言うことを聞いてくれないときだよね。

たとえば、電車に乗っているときに、目の前で立っているお年寄りに席を譲ろうか、どうしようか、ためらうことがあると思うんです。

そういうときは、たいてい相手に「結構です」って言われそうなときですね。

また、体の具合が悪くなった家族や友人・知人に「こうするといいよ」と言おうかどうしようか迷うときも、九割がた、相手は耳を傾けてくれないと言っていいでしょう。

それを察知しているから、相手に言いづらくなっちゃうのです。

ただ、あとになって「あのとき、言っておけばよかったな」って後悔したくないのなら、言ってみるといいでしょう。

ちなみに、ひとりさんや私は、あとで自分が嫌な思いをするのが嫌だから「言う」って決めています。それも、「自分のために言うんだ」って。

「相手のため」「人助けをするぞ」と思いながらやっても、相手が聞いてくれないと、「もう！」ってなるけれど、「自分のためにやる」と思うとそうならないのです。

傷つくようなことを言われたのに、
じっとガマンするのは
修行とは言えないよ。
「そんなこと言わないでください」
と言うのが、修行なんだよ。

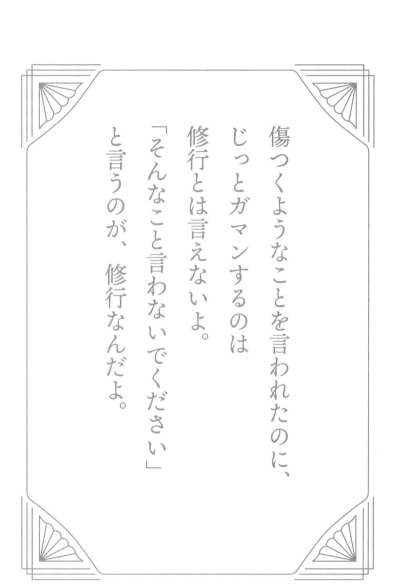

上役だろうが、先輩だろうが、何だろうが、いじめたり、傷つくようなことを言うのは「悪」なんだよ。

自分より立場の弱い人をいじめたり、傷つくようなことを言う人がいるのですが、その人は、「そういうことはしちゃいけない」ということを知らないか、あるいはまた上の立場の人間は「やってもいいんだ」ってカン違いしていることがあります。

たぶん、自分が下の立場にいたときに上役や先輩が、弱い者いじめという〝悪いこと〟をしているのに「逆らっちゃいけない」と言われたか何かがあって、ガマンしたのでしょう。そういう人が出世して上役になると、「弱い者いじめをしていいんだ」ってカン違いしちゃうことがあるんです。一部の人なんですけどね。

でも、いまの時代は、そんなことは通りません。上役だろうが、悪いことをしていたら「そんなことしちゃいけないんじゃないですか」って言わないといけない。

じゃないと、その下にいる人間が上役になったとき、また弱い者いじめをするようになる可能性があります。その連鎖を誰かが断ち切らないといけないのです。

それが言えない場合、それを言えるまで続く心の葛藤が修行なのかもしれません。

いつも穏やかであることを望むけど、
嫌なことをされたら頭にくるのが人間なの。
ハリネズミだって、
いつもハリを立てている
わけじゃないでしょ。
相手が自分に危害を加えようとするから
ハリを立てるんだよな。

言い返さなきゃいけないときに言い返すべきことをぐっと飲み込むから、グチや悪口になるの。

人に対して嫌なことを平気でするような人間に、角を立てずにやめさせる方法はないですかね、という質問がきたときに、ひとりさんがぽつり言いました。

「なぜ角が立つことを恐れるんだろう。というか、何を恐れているんだろう」って。

何でもかんでも角を立てていいと言っているのではありません。たとえば、ハリネズミが自分に危害を加えてくる相手にハリを立てるのは、「こうすると、反撃を食らうんだ」ということを相手にわからせるためなんですよね。

人間界だって同じです。反撃することで、相手は「人が嫌がることをしちゃいけない」って気づくことができる。つまり、この場合の反撃は相手に対する「愛」なんです。

逆に、怒りもしないでガマンしていると、どうなるのかというと、自分が飲み込んだ言葉がグチや不満になり、口から出てきちゃうんです。

どうしても相手に逆らえない
こともあるよね。
逆らえない中でも、探せば、
自分が反撃できることってあるんだよね。
何を言われても「はい」と言うしか
ないんだとしたら、一回嫌な顔(-“-)入れてから、
「はい」って言うとか。

〝いい人〟は何でも自分が責任を引き受けようとするけど、考え方を変えるより、どうやって逃げるかなの。

人のことを、自分の先入観で見ないほうがいいですよ、っていう話があるじゃないですか。私も気をつけているんですね。自分が正しいと思っていることにしばられて、「あの人のここが間違っている」とか、決めつけないようにしよう、って。

ただ、世の中には、いろんな人がいます。平気で暴言を吐いたり、何か気に入らないことがあるとモノを投げつけたり壊したりする人もいるんです。

そういう人に対して〝いい人〟は「〝いいところ〟を探そう」と考えがちなんですが、それよりも、「どうやって自分は逃げようか」と考えてください。

「そういうことはやっちゃいけないんだよ」と教えると、直す努力をする人もいるでしょう。ただ、そういう人は、めったにいません。ほとんどは、あっちぶつかり、こっちぶつかり痛い思いをして直っていく人生を、生まれる前に選んできたのです。

それが、その人の生きる道だと理解するより、まず「自分がボコボコにされないためには」って考えるんです。相手に悪いことをさせないためにも大切なことですよ。

相手の言動を見ていて
「嫌だな」と思ったとき、
自分が「正しい」と思っていることについて
「それは本当だろうか」と考える。
本当に正しいと思うのであれば、
自分がやらなきゃいいんだよ。
相手にやめさせることはできないの。

自分が先にこの橋を渡っていたら、自分が優先なんだけど、向こう岸からトラが来たら、そうも言ってられないよ。

たとえばの話、山奥でつり橋を自分が渡っていて、あと もう一～二メートルで対岸にたどりつく、というときに対岸からウサギさんやリスさんがきたとします。そのときは、先に橋を渡っていた、こちらのほうが優先されるケースがほとんどでしょう。

でも、向こう側からトラがきた場合は「自分が優先だ」なんて言っていられません。話し合いよりも、身の安全を確保することが最優先ですよね。

あなたに対して平気で暴言を吐いたり、ボコボコするような人に対しても、そういう対処をすることが大事です。そうです、相手はトラだと思ってください（トラさん悪者にしてごめんなさい）。

もしもね、同じ屋根の下に、トラのような人がいるんだとしたら、自分はできるだけ外に出かけて楽しいことをするんです。離れられないのだとしたら、心のなかで楽しい妄想をしたりして、闇に自分が引っ張られないようにしてください。

いじける、うらむ、暗くなる、そっちのほうへ引っ張られてはいけないのです。

悪口を言われないように
努力するよりも、
いかにして、それを、
気にしないでいられるか、だな。

「熱烈なファンが一〇〇人に一人」いればいい時代なんだよね。

人生の節目、節目に、「自分はこうするんだ！」という思いがわきあがってくることがあると思います。

それを行動に移すときに、周りの人の意見を聞くのは、もちろん、いいことなんですよ。ただ、意見を聞いて「どうするか」を決めるのは自分です。

そのときに、人の言う通りにしないと「嫌われるんじゃないかしら」って気になることもあるでしょう。でもね、私はひとりさんにこう言われたことがあります。

「何かをやるときに、全員から賛同を得ることはめったにないよ」って。

心のなかは自由だから、「それ、いいね」と言ってくれる人がいる一方で、「嫌だよ」と言う人もいるのが自然なんだそう。

そして、**「これからの時代は、熱烈なファンが一〇〇人に一人いればいい時代なんだ」**ってひとりさんは言うのです。

残りの九九人は「好きでも嫌いでもない」「好きじゃない」という人がいてもいいのです。一〇〇人に一人の、熱烈なファンをつかむことのほうが大切です。

悪口を言われたことがない人間なんて、この世の中に存在しないと思ったほうがいいよね。

私の師匠のひとりさんは、面白い話をしてくれるし、いっしょにいると楽しいし、何より、みんなにやさしくて親切です。そんなひとりさんでも、知らない人からいわれのない誹謗中傷を受けることがありました。

何を言いたいのかというと、この世の中で、悪口を言われたことがない人はいないんですよ、って言いたいのです。

人にはそれぞれ〝自分の好み〟というのがあるから、全員から好かれることはなかなかできません。

悪口を言われても、ウマくかわせるようになってくると言われなくなっちゃう。

「どうやって悪口を言われないようにするか」ということに心をくだいている人もいるでしょう。でも、悪口を言われないようにしようと努力すればするほど、自分が委縮して、だんだん苦しくなってきます。

それよりも大切なことは、悪口を言われたときに、どうやったら気に病まないでいられるかです。

「自分が吐いた毒で自分がやられることを知らないで、気の毒な人だね」とか。

「私も完ぺきじゃないから、しょうがないんだよね」とか。

どうやって、悪口をかわすかなんです。

それを上手にかわせるようになると、言われなくなってくるんです。

ひとりさんはこう言います。

「言い返すのもひとつの手だよ。
『そんなこと言わないでください』と言うのもひとつの手なの。
だけど、そのうち、そんなことを言うのもばかばかしくなってきて言わないでいると、なぜか言われなくなっちゃうんだよ」

この世の中は、努力家も必要だけど、
要領のいい人間も必要。
みんな必要なんだよ。

人っていうのは、何か〝できないこと〟があるんだよ。
それを、いちいち直させようとすると、その間に人生が終わっちゃうよ。

この世の中には、たとえば要領のいい人とそうでない人がいるでしょう？　そうでない人は「要領が悪い」と言われることがあるけど、私から見たら努力家なんですよ。

一方、要領のいい人は「ズルしてる」と思われることもあるけど、「その要領を人に教えてごらん」って言うと意外と上手に教えたり、人それぞれの得意分野をうまーく引き出すのが得意だったりします。

この社会では努力家も要領のいい人も必要なんです。その人その人の〝よさ〟が組みあわさって、この社会はうまく回るようになっているのです。

「要領のいい人はズルしてる」とか言っちゃうと、おおざっぱに、要領のいい人を敵に回すことになりかねません。それって自分が損じゃないですか？

要領のよくない人は努力家という〝よさ〟がある――というふうに視点をちょっとかえて見てください。人にはみんな必ず〝いいところ〟があるって気づきます。それも、本人が欠点だと思っているところが〝いいところ〟なんだって、わかってきます。

平和は、何もしないで
「来る」ものではないんだよ。
国と国との平和もそう。
人と人の平和もそうだよ。

「本当に運の強い人間」とは、誰もが味方をしたくなっちゃう人のことなんだよね。

リバーシ（オセロ）の黒い駒《コマ》を白にかえるがごとく、会う人、会う人の〝よさ〟を発見して「あなたのココが〝いいところ〟だよ」とか「あの人のココがステキだね」とか言っていると、ステキなことが起きてきます。

まず、言われた本人は「えっ、私って、そうなんだ」って心に花が咲くんです。さらに、その人とよく似た性質をもつ人がたくさんいて、その人たちの心にも花が咲きます。

あなたの言葉で、心の花を咲かせた人たちは喜んで、あなたの味方をしてくれるようになるでしょう。ひとりさん曰く、そうやってたくさんの味方がいる人のことを「本当に運の強い人間」と言うんだそうです。

運勢をよくしたいと思っているのであれば、人のことも、自分のことも、もっとほめてあげるといいです。かく言う私も、これで大開運しました。これは本当に効果絶大！　おすすめですよ。

なぜ、人の悪口を
言ってはいけないのかというと、
人は〝自分〟を知るために
生まれてきたから。

「あの人はこうだから」と、いつも他人のことを言っているのは、もしかしたら、「自分を見たくない」のかもわかんないよね。


ひとりさんが人の悪口を言っているのを、私は一度も見たことがありません。

その理由を、あるとき本人にたずねたところ、ひとりさんは**「他人のことを言うほど、オレは立派な人間じゃないから」**と言ったんです。

私は納得がいかなかったので、問い詰めました。すると、ひとりさんは教えてくれたんです、人の悪口を言ってはいけない理由を。

人は自分を知るために生まれてきたのに、人の悪口を言ってばかりいると、自分を見つめることができなくなるから——というのが、その理由でした。

これはどういうことなのか、もう少し詳しくお話ししましょうね。

人が生まれてくる目的は、ひとりさん曰く、「〝自分〟を知るため」なんだそうです。

ちなみに〝自分〟を知るとは、たとえば、誰かのふるまいにイラっとしたときに「あ、いま自分は腹を立てているんだな」って、〝自分のありのまま〟を受け止めます。

それが「自分を知る」ことの第一歩なのです。

人のこと、とやかく言えるほど
立派な人間って、
どれくらいいるんだろうね。

自分はなぜ怒っているんだろう、何が嫌なんだろう、自分は何を恐れているんだろうって、自分を見つめていく。

たとえば、誰かのふるまいにイラっとしたら「自分は腹を立てている」とありのままの自分を受けとめます。そして、何に腹を立てているのか自分自身に聞いてみましょう。聞いてみた結果、たとえば、「あの人の要領のよさが気に入らない」ということであれば、さらに「あの人が要領がいいことで、自分にどんな不利益があっただろう？」と自分に聞く。さらに「そのことで自分はなぜ怒っているんだろう」と自分に聞く。

またさらに「本当は何に対して怒っているの？　何を恐れているの？」とたずねます。そのように自分を見つめて見つめていくと、最終的にはものすごくやすらいだ気持ちになります。これを「大安心《だいあんじん》の境地」と言います。

大安心の境地に至ることは簡単なことではありませんが、自分を見つめるうちに、「あの人が要領よくふるまっていることで、自分が不利益をこうむったわけではない。なのにイラっとするのは、自分が勝手に、要領のよくない自分とあの人を比べているからだ。比べるのはやめよう」などと客観的に判断することが身についていくのです。

正しい人間よりも、
周りの人に愛されて、
運のいい人間になったほうが
「いいんだ」って
オレは思っている人間なんだ。

「絶対、正しい話」を聞かされている人も苦しいけど、自分も苦しむの。
だから、正しいことも、ほどほどにしたほうがいいと思うよ。

ひとりさんによると、自分を見つめようとしても、自分のなかにドロドロした汚れがたまっていると、「これ以上、自分を見たくない」と思ってしまうことがあるのだそうです。そのような場合に、人の悪口を言いたくなってしまうのだとか。

ひとりさんはこう言います。

「人間は、自分のなかにあるものと同じものに目が行くようになっているんだよ。キレイなものがある人はキレイなものに目が行くし、そうでないものがある人はそうでないところに目が行ってしまうの。

だけど、他人の悪口を言うために生まれてきた人間は本来、ひとりもいないんだよ。自分を見つめるために生まれてきたんだよ。

何のために見つめるんですかって、自分がもっと幸せになるためだよ。

そのために、いつも笑顔がいいとか、相手が『また会いたい』と思うような〝気〟が前に出るような言葉、肩の荷が下りる言葉で話そうとか、自分を改良するんだよ」

オレは自分が立派な人間じゃない
ことはわかっているの。
ただ、オレは「また会いたい」、
できれば「また来世も会いたい」と
言ってもらえるような
自分でありたいんだよ。

第二章

縁と「空間の法則」

今世の出会いを〝いいご縁〟にする「ひとり言」

〝いい出会い〟を呼び寄せるには、
まず自分を見つめ、理解することが大切だと前章で言いました。
次に心がけたいのは「身近な人の幸せに貢献する」ことです。
「身近な人の幸せに貢献する」方法はいろいろありますが、
もっとも重要なことのひとつが〝相手との距離感〟です。
あなたの気持ちがザワザワする、あの人に対してはもちろん、
大切な人とも「ある一定の距離感」を保つことが大切です。
具体的に、何メートルぐらい離れたらいいんだろう？

そんなこと考えていると段々段々頭が重く硬くなって
相手の幸せに貢献することができません。
それよりも、自分の目線を少しそらしてみることです。
自分の心が楽しく明るくなるほうへ、目を向けてみることです。
と、頭ではわかっていても、うっかり忘れることもあるのでは？
でも、大丈夫、うっかりしそうなときでも、
幸せのほうへ軌道修正してくれる「ひとり言」があるんです。

この世の中には、

「侵しちゃいけない空間」

というのがあるんだよ。

人のことで悩んでいるのなら、まず、「人は絶対にかえられない」ということを覚えることだよ。

多くの人が何かに悩んでいると言われています。何に悩んでいるのか、聞いてみると、ほとんどの方が〝人のこと〟で悩んでいるのです。

たとえば、職場の人たちが暗くて否定的だから「何とかしてあげなきゃ」とかね。

弟が稼いだお金を全部ギャンブルに使っちゃう、「どうしましょう」とか。

うちの子が結婚しないとか、働かないとか。引きこもっている子どもから「おかあさんが自分をこんなふうに育てたせいだ」って責められているとかね。

〝人のこと〟で心を痛めて、「私がこの子をなんとかしてあげなきゃ」「この人には、こういうふうにかわってもらわないと」って言うんですけれど、人って、自分以外はかえられません。

悩みを解決するには、まず「自分はこの人をかえられない」ということを覚えること。

つまり、その人を「なんとかしよう」とする必要はない、ということなんです。

子どもの頃は常識を知らなくて
間違っちゃうことがある。
大人になってくると
その常識が〝あなたの現実〟に
合っていない
ということが意外とあるんだよ。

いま幸せではないんだとしたら、何かをかえなきゃしょうがないよ。

人は完ぺきじゃないから間違うこともあります。私もたくさん、間違ったことをしてきました。

間違いに気づいたときは、「あ、間違ってた、ごめん」と素直に認めて、ただちに間違っていたことをやめ、あらためればなんの問題もないんですよ。

いけないのは〝間違っていること〟をやめようとしないことなんです。

やめないと、自分も周りもたいへんな思いをしちゃいます。だから、間違っていることに気づいたら、すぐ、それをやめるようにしたいものですね。

ただ問題は、「間違いだ」と気づきにくい場合があるのです。たとえば、悩んでいる人のなかには、自分の幸せを後回しにして〝人のこと〟を優先するのが「幸せの道だ」と教わってきている人もいるのではないでしょうか。

そのように生きて幸せなら、そのままでいいのです。ただ、そうじゃないんだとしたら、その教えは〝あなたの現実〟に合ってない、ということでしょう。

同じ間違いを続けているから、なかなか問題が解決しないで悩んでいるんだって、言いたいんですね。

人間関係がおかしくなる原因は
いろいろあって、
「これが答えだ」って
いうのはないんだけど、
〝人の空間〟を侵しちゃうと
うまくいかなくなってくることって、
実はものすごく多いの。

どんな人間も幸せに生きていくのにある一定の〝空間〟が必要なんだよ。人はそれぞれ〝自分の空間〟というのをもってるの。

人間って「人の間」って書きますよね。人と人の間にはある一定の空間というか、隙間が必要なんです。

たとえば、電車が混んでいてギュウギュウ詰めだと「嫌だな」って思いませんか？　互いがピタっとくっついてしまうと嫌な感じがしますよね。それは〝自分の空間〟が侵されたような感じがするからだと思うのです。ひとりさんから教わりました。

「どんな人でも、幸せに生きようと思ったら〝自分の空間〟が守られていないといけないの。人と人とが〝いい関係〟を築くには、互いに相手の〝空間〟を守ってあげられるかどうかにかかっているんだよ」って。

その〝空間〟が保たれるには、どれぐらいの距離を保ってつきあえばいいですかというと、何メートルという距離の問題ではありません。〝考え方〟の問題といったほうがいいかもしれません。というのは、その〝空間〟は目に見えない、心理的な〝空間〟だからです。ピンとこなかったら〝縄張り意識〟と思ってもらってＯＫですよ。

子どもは子どもで、
自分の夢を見ればいいんだよ。
親は親の夢を追いかければいいの。

趣味がいっしょだったり、同じものに共感・共鳴する人とは〝楽しい時間〟を共有できるんです。

たとえば、サッカーが好きな人同士でサッカーの話をしていると楽しいでしょう。また、「私たち夫婦でひとりさんのファンなんです」という人がいるんですが、そういうご夫婦って、夜遅くまで「ひとりさんの本のあそこがどうだった、こうだった」という話をして盛りあがるらしいんですね。

このように趣味や好きなものが共通する人、同じものに共感・共鳴する人同士は〝楽しい時間〟を共有することができます。そうやって〝楽しい時間〟を共有しているときは互いに〝縄張り意識〟がゆるくなっていて、〝空間〟を共有できるのだそうです。そして、お互い、嫌な感じは起きないのです。

ただし、そういう間柄であっても、「親しき仲にも礼儀あり」。やたらと相手のプライベートに首をつっこみ、口出ししていると〝相手の空間〟を侵すことになります。そうなると、その人との間にわだかまりができてしまいます。〝相手の空間〟にズカズカ立ち入るのはつつしまないと、なんですね。

子どもも大人も、男の人も女の人だって
みんな心の安定を保つのに必要な
〝空間〟というものがあるんだよ。
それを親に侵され、パートナーに侵され、
会社で侵され、
世の中で侵されているうちに
元気がなくなっちゃうんだよ。

どんなに隠しごとのない関係でもね、〝自分の空間〟って、ものすごく大切なんだよ。

恋人同士だから、夫婦だから「隠しごとがないよね」と考える人もいるでしょう。

でも、もし仮に相手が勝手にあなたのスマホを見ていたとしたら、どうですか？

あなたがＬＩＮＥでどういう人と、どんな話をしているのか、パートナーにチェックされて、いい気分でいられますか？

恋人同士、夫婦に限らず、どんなに親密な関係でもそうだと思うのですが、人は他の人に入ってきてほしくない〝自分の空間〟というのがあるのではないでしょうか。

知られると困るようなことがなくても、勝手にスマホを見られたりすると〝自分の空間〟を侵されたような気になっちゃうのです。

そのことに気づかないまま〝相手の空間〟を侵し続けていると、ある日、突然「さようなら」って言われちゃったりするかもしれませんよ。

それくらい、人は〝自分の空間〟にズカズカ立ち入られるのが嫌なのです。

同じオシャレ好きな人でも、
好みの服はさまざま。
「お寿司が好き」という人でも、
好みのネタが違ってる。
オレみたいに少し変わった生き方もあるんだよ。
「どれが正しい」はないんだよ。
大切なのは、あなたが
「いま幸せ」かどうか、なんだ。

「愛」とは、その人の〝空間〟を守ってあげることなんだよね。

好きな人と、いい関係でいたいなら、相手の〝空間〟にむやみに立ち入らないことが大切だと思うんです。

相手に関心をもつことは決して悪いことではないんですよ。ただね、むやみやたらと相手のプライベートのことを聞かないほうがいいと思うし、昔からの知り合いでも「子どもの頃、こんなことがあって」と、相手にとって不都合なことを言わないように気をつけたほうがいいと、私やひとりさんは思っているんですね。

それ以外に、もうひとつ気をつけていることは〝余計なおせっかい〟を焼かないことです。人に質問されたわけではないし、相手が困っているわけでもないのに、「これはこうして、ああして」って言わないようにしています。

そういうことをしていると、相手の人は「また会いたい」とは思えなくなってしまうかもしれません。なぜかというと、それは〝人の空間〟を侵していることだから。そして、それは、相手を否定することだから。

それよりも、その人の〝空間〟を守ってあげることが大切です。

ひとりさんも言っています、**「それが〝愛〟なんだよ」**って。

「〝人の空間〟を守ってあげる」って
たとえば、
「その人と距離を置く」ということ
だったりするんだよね。

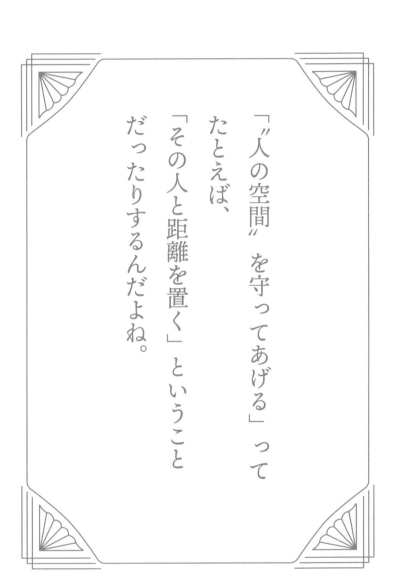

相手が「侵されている」と感じているのなら、そうなんだよ。

お盆やお正月は必ず〝ダンナの実家〟で過ごしている女性がいました。

彼女は「自分は歓迎されていない雰囲気があるから行きたくない。でも、行かないと何を言われるかわからない。だから、ダンナといっしょに帰省する」と言うんです。読者のみなさんのなかにも、この女性に共感する方が結構いるのではないでしょうか。

基本的に、自分が行きたいとこに行けばいいいし、行きたくないところには行かなきゃいい、それが〝ひとりさん流〟です。

ただ、この場合、「自分は歓迎されていない」とか「行かないと何を言われるかわからない」と言っているんです。もしかすると、義理のおかあさんをはじめ、ダンナさんの家族は自分たちの〝空間〟に入ってきてほしくないのかも知れません。

もちろん、その人は相手の〝空間〟を侵しているつもりはないのですよ。でも、自分にはそのつもりがなくても、相手が「侵されたような気がしちゃうこと」が意外と多いもの。「自分はそんなことしてるつもりはないのに、何で!?」って言いたくなりますよね。でもね、こちらの事情を説明しても、相手がそう感じているのならば、もうどうにもできません。他人をかえることはできないのです。

相手を幸せにできるのは
自分だけじゃない。
自分が相手を幸せにしなくても
その人が幸せでいてくれたら
自分の目的は達成したことに
なるんだよね。

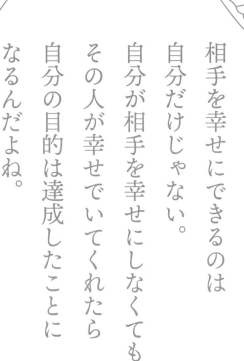

お姑さんの気持ちは、自分の息子と孫だけ帰って来てほしいんだよ。

〝ダンナの実家〟に帰省すると歓迎されていない空気を感じていた女性がいました。

その女性はお姑さんをかえようとせず、こんなふうに自分の考え方をかえました。

「義理のおかあさんは自分の息子（もしくは息子と孫）だけ来てほしい、母親というのは、そういうふうに思うものなんだ」と。

そして、ダンナさん（と子ども）だけで帰省させて、浮いた交通費を、義理のおかあさんへのおこづかいとしてダンナにもたせてね、

「おかあさん、いつも感謝してます。少ないですが、私の気持ちです」

とメッセージをつけて、義理のおかあさんに渡しました。

その女性は、何年もそれを続けていたんですね。

そうしたら、何年か経って、ダンナさんの家族から、

「あの人は、うちの息子にはもったいないぐらい〝できた嫁〟だ」

と言われるようになって、おかあさんと仲良しになったそうです。

〝人の空間〟を守るには

どうしたらいいですかって？
まずは自分の幸せを追及してごらん。
自分の幸せを追及しちゃいけないように
思い込まされているけど、そんなことないよ。
これからの時代は、
自分の幸せを追及したほうが自分が幸せで、
周りの人も幸せになれるんだよ。

〝意識低い系〟を見るのをやめて、好きな人を見てごらん。

以前、ひとりさんは、ある人から「職場の後輩たちが〝意識低い系〟だから見ているとイライラしてしょうがない、どうしたらいいですか？」と質問されたことがあったそうです。

ひとりさんは、「うんうん、そうなんだ」って話を聞いていたのですが、やがて質問者が話す内容が変わってきて、「実は、私、直属の上司のことが好きなんです。でも、妻子もちなんです」と本音を打ち明けてくれたんだそうです。

その人は、上司のことを好きになっちゃいけないと、自分を抑えていたんでしょうね。

ひとりさんが**「好きになった人に奥さんと子どもがいたというだけで、何も悪いことしてないよ」**と言った瞬間、その人の表情がパっと明るくなったんですって。

ひとりさんは続けて、**「好きになったんだから〝好き〟でいいんだよ。これからは大好きなあの人に会うために職場に行こうと思ったらいいよね」**と言ったそうです。

彼女は翌日から実践しました。自分のなかにある〝好き〟という気持ちを認めたときに、彼女は「自分も後輩たちとたいして変わらない」と気づいたみたいです。

それ以来、彼女は後輩たちに「やさしい先輩」と言われるようになったそうです。

神さまとくらべるのも
おかしいんだけど、
人間は神さまより
楽しく生きられるかもわかんない。

この星にはいろんな楽しみがあるんだよ。それは、生きているうちに味わうものなの。

「うなぎのかば焼きもどき」という料理があるんです。ノリの上に、すりおろしたトロロイモをのせ、かば焼きをつくるときのようにタレをつけて焼いて、表面に細かく包丁を入れるんですって。この話を聞いたとき、ちょっと不謹慎かもしれないのですが、すみません、私は「そこまでして食べたいんだなあ」と思ってしまいました。

何が言いたいのかというと、人間は、食べたいものは食べたい、恋をするときはどうしたって恋しちゃうんです。欲を捨てようとしてもなかなか捨てられないものです。

でも、ほとんどの人は法律を侵さないで、働いたり、子育てや家のことをしながら、自分のおこづかいの範囲内でやりたいことをやって、人生を楽しんでいる、それってステキじゃないですか！　それを「欲は捨てなきゃダメよ」と言われたら……。

私たちが明るく元気でいられるのは、ひとりさんが欲を否定しないで、「やりたいことをやりなよ」って、「この世に生きている間は、生きてるぞ！　っていう感じで生きようよ」って、言ってくれていたからなんです。

木の枝が川を流れているとする。
川に浮かんでいた葉っぱが枝にくっついて
寄り添うように川を流れているときがある。
大雨がふると、いっしょにくっついていた
葉っぱがふわぁっと離れるんだよ。
だけど、お互い、新しい出会いがあって
誰かとくっついていくんだよ。

何でもかんでも「私といっしょに」って、できないときもあるの。

自分磨きが趣味なんです、という人から質問されました。

「自分はためになる講演会に参加したのがきっかけで運勢がよくなったので、学生時代からの友だちを何回も誘ったんだけど、その都度、断られちゃうんです。いっしょに向上したいんですけど、どうしたらいいですかね？」という質問でした。

友だちに「いっしょに行こう」と言うことはできても、決めるのは本人です。本人が「行かない」って言ったら、「わかったよ」って言うしかありません。

それと、何回誘っても断られる、ということは、友だちは他にもっと楽しいことがあるのかもしれません。そうだとしたら、こちらは「楽しいものが見つかって、よかったね」と言ってあげたほうが、自分も相手も気が楽なのではないかしら？

人と人とのつながりはゴム紐のように、ある程度は伸びるんです。場合によっては、無理やり友だちをひっぱっていくことができるかもしれません。でも、心まで「いっしょに」ってがんばると、ゴム紐が切れちゃいます。

それよりも、「あなたはこれが楽しいのね。私はこれが楽しい」と言っていたほうが、お互い気分よくつきあえる、私はそう思っているんですね。

「この人に幸せになってほしい」と思うなら、
この人をなんとかしようとしちゃいけないんだよ。
なぜかというと、「なんとかしよう」というのは、
相手の〝空間〟に、
あなたは入り込もうとしているの。
そうではなくて、まず自分が幸せになることなの。
自分が明るくて楽しくなっちゃえばいいの。

ひとりさん流・楽しい縁学〜師匠と一番弟子の対話❸

「ゆるせない相手をゆるそうと思ってはいけないよ。できるだけ会わないようにしなよ」

かなり前のことなんですが、「あの人は絶対にゆるせない!!」という人が、私の目の前に現れました。

当時、いちばん、ゆるせなかったのは、私が「豊かになるためにこうするといいよ」「否定的な言葉は言わないようにしようね」って教えても、相手はかわりませんでした。ずーっと否定的なんです。

最初、私は聞こえないフリをするんですが、ガマンの限界がきて、つい「それ、ダメじゃん!!」って言っちゃうの。

そのあとは決まって、自分の器の小ささがゆるせなくて、自分を責めていました。

「どうして私はあの人をゆるせないんだろう。どうしたら器量が大きくなるんだろう」考えても考えても答えは見つかりませんでした。

そんなある日のこと、ひとりさんが、

「恵美子さん、ドライブでも行くか」
と声をかけてくれました。そして景色がキレイなところへ連れて行き、私にこんな話をしてくれたのです。

「その人のことが『ゆるせない!!』って言うのは、心がゆるせないんだよ。
わかるかな?
ほとんどの人はその気持ちを抑えようとするんだよ。
だけど、心をねじまげるのってね、実はものすごく難しいことなの。
難しいことをやろうとするから、ウマくいかないんだよね。
それよりも、簡単なことからやっちゃえばいいんだよ」

そして、この後、ひとりさんは私にビックリするようなことを言いました。

「その人をゆるそうと思うんじゃない」
「その人とできるだけ会わないように努力するんだよ」

もうビックリでした。

「ひとりさん、なんてこと言うの!!」って、私は思いました。

相手のことをゆるせないから苦しんでいるのに、「ゆるさなくていい」って。

それじゃあ、いつまでも、この苦しみから解放されないじゃない!!

だから私はひとりさんの「**ゆるせない相手をゆるそうと思ってはいけないよ。できるだけ会わないようにしなよ**」というアドバイスに従わず、その人の〝いいところ〟を見つける努力を一生けん命続けていました。


ところが、私はその人と会うたびにケンカをしてしまう。

ますます「ゆるせない!!」という気持ちが強くなっていきました。

そして、ゆるせない自分が嫌だった。


そんな私を見かねたんでしょう。ひとりさんが教えてくれました。


「恵美子さんは、知ってるかい？

人というのはね、この世の中に生まれてきた以上、最低でも一人の人間を幸せにしなくちゃいけないいんだよ。

それは誰だか知ってるか？

それはね、自分自身なんだよ。

恵美子さんは、ゆるせない自分のことを責めているけど、日本の人口が一億二千万、そのなかで恵美子さんがゆるせない人って〝たった一人〟じゃん。

世の中には、『あの人もこの人も、あっちの人もこっちの人もゆるさない』っていう人だっているんだよな。

そういう人と比べたら、『たった一人の人がゆるせない』というのは非常に優秀だとオレは思うよ」

それでも私は納得できなくて、

「でもひとりさんは誰でもゆるせちゃうじゃない？　私もひとりさんのように心の大きな人間になりたいの!!」

そう言いました。


すると、ひとりさんはこんな話をしてくれました。

「オレね、ちょっと前まで自分のことを、すごい人間ができてきたなって思ってたんだ

けど、それ、カン違いだったよ。

嫌な人が目の前に出てこなかっただけだったんだよね（笑）。

嫌な人がいないから、『オレって人間ができてきたな』って思ってたんだけど、神さまはいるね。この前ひさしぶりに、嫌な人が出てきたの（笑）。

そしたらオレさ、『ふざけるなよ‼』って思っちゃったんだよね。

人間なんて全然できてなかったんだよ」

「えっ⁉」私は驚いて「ひとりさんでもそうなることがあるの？　じゃあさ、その嫌な人のことは、どうやって心の中で折り合いをつけたの？」って聞いたらば、ひとりさんは笑ってこう答えました。

「オレは、ゆるそうとは思わないよ。それより、その人間と会わないようにするの。

そして会わない間に、全力で幸せになる。自分が好きなこと、やりたいことをするの。

幸せになるために、本も読むんだよ。そして好きな人、会いたい人と楽しい時間を過ごす。

そうやって自分の心が幸せで満たされたとき、自分のなかから自然と愛があふれ出て

くるものなの」

ひとりさんに言われた通り、私はその人とできるだけ会わないようにしました。

そして心を楽しくして過ごしました。

月日は過ぎ、数年ぶりに、〝ゆるせなかった人〟と会うことになりました。

会う直前まで少し不安もあったのですが、実際に会ってみたら、ビックリでした。

その人は以前のように私に否定的な言葉を言うこともなく、私を嫌な気持ちにさせることもしなかったからです。

それどころか、私に優しい言葉をかけてくれて〝いい人〟だったんです。

「どうしたんだろう？」と思った私は、師匠のひとりさんにたずねました。

ひとりさんは、**「恵美子さんの愛が大きくなって許容範囲が広くなったからだと思うよ」**と教えてくれました。

愛が大きくなればなるほど、相手を受け入れる器量も、自分のオーラも大きくなる。

そのオーラに相手は飲み込まれちゃうから、嫌なことをしなくなるんだそう。

ここまでオーラが大きくなるためには、相手と距離を置き、自分の魂を磨く必要があります。

「それをいつまでも離れずに、この人をどうやってゆるそうかってやるから修行が進まないの。愛も大きくならないんだよ」

師匠の言う通りでした。離れていれば自然とゆるせる自分になっちゃうんですよ!!

人って、そんなに根気強くないんだよね。
「こいつ、一生ゆるせない！」
と言っていても
自分が幸せになっちゃうと
その人のことなんか、忘れてるの。

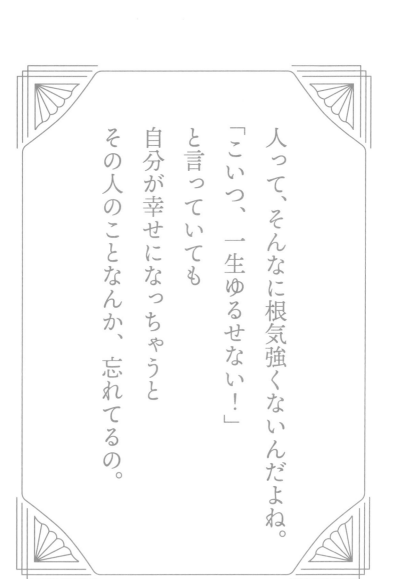

「あの人は、ああいう性格なんだから、いいんだ」って、ゆるしてあげる。
そして、相手と距離を置けばいいんだよ。

人間関係の悩みを確実に解消できる方法は、ウマの合う人と過ごす時間を増やすことと、嫌な人と過ごす時間を減らすことです。

ただし、どうしてもウマのあわない人が職場にいたり、ローンを組んで建てたわが家の隣に住んでいたりとか、同じ屋根の下にいる場合もあるでしょう。その場合は、どうするかというと、ひとりさんはこう言うんですね。

「どうしてもウマが合わない人がいるんだとしたら、『あの人はああいう性格なんだから、いいんだ』ってゆるしてあげて、相手と距離を置けばいいんだよ」

ちなみになんですが、相手をゆるすこととは、自分がガマンして相手と仲良くすることではありません。

ウマの合わないその人のことを考えないようにする、そのために距離を置いて、楽しい時間を過ごすんです。そうやって、「あの人はどうでこうで」という考えを手放すのが「ゆるす」ということです。

人が苦しんじゃうときは、
自分が「正しい」と思っている観念で
自分自身をしばっていることが多い。
神さまが人間に求めているのは
常識以上なの。
常識以上が、実はいちばん楽で
簡単なんだよ。

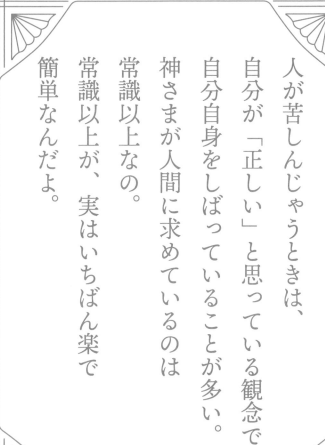

他人に完ぺきを求めるところが、最大の完ぺきじゃないところなんだよ。

親御さんとの関係について質問されることが結構あります。

「うちの親はここがダメで」とか、「親の育て方がこうだった」とかね。

「小さい頃、親からこんなことを言われて傷ついた」とか。

質問者の方は、ずっとそのことを気にしているのですが、ひとりさんはこんなことを言っています。

「人は完ぺきではないの。日本という国は神さまですら完ぺきではないんだよね。天照大御神《あまてらすおおみかみ》さまは弟とモメて、いじけて天岩戸《あまのいわと》という洞窟に閉じこもっちゃったぐらいだからね。そんな神話がいまも残るこの国では、人に完ぺきを求めちゃいけないの。親も完ぺきじゃない、自分も完ぺきじゃない、その中で自分は何ができるか、ということなの。〝いいところ〟もあるからゆるしてあげようとか、ココは見ないふりしてあげようとか、目をつぶってあげるしかないの」

ちなみに、目をつぶるのは、親御さんだけではなくて、自分自身にもですよ。自分も完ぺきではないのに人に対して完ぺきを求める自分のことをゆるしてあげてくださいね。

将棋や碁の盤を支える足は
〝くちなしの花〟の恰好を
しているんだけど、
それって、四隅にいる人は
口を出してはいけませんよ、
ということなの。

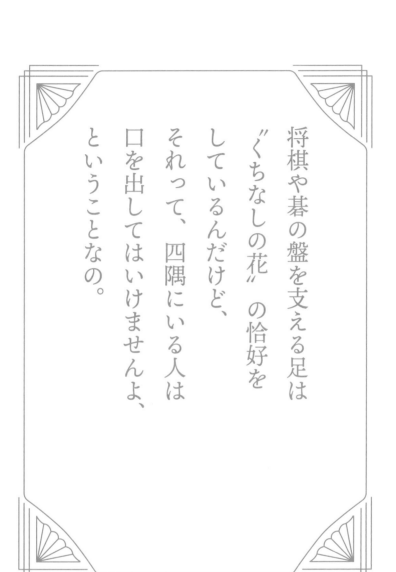

ひとりさん流・楽しい縁学〜師匠と一番弟子の対話❹

「たとえば、オレは『有名になりたくない』ほうなの。だからって、人のさだめに口出しはしたくないんだよ」

いつだったか、ひとりさんとドライブを楽しんでいるときに、「夢」についてしゃべったことがありました。

それはどんな話だったのかというと、ひとりさんはまず「人は花なんだよ」って言ったんです。

「花というのは、まず大地に種がこぼれ落ちるんだよな。

そのあと、芽吹きのときがきたら自然と芽が出て、葉っぱが出る時期には葉っぱが出て、時期がくるとまた自然と花が咲く。

人間もそれと同じなの。流れにそって、自分に起きてくることに淡々と対処していくと、その人、その人の花が咲くようになっているんだよね。

恵美子さんは恵美子さんの花が咲くし、ひとりさんはひとりさんの花が咲くようにな

っているの。

自分の花の種が、一人ひとりのなかに植えられているからそうなるんだよね。

菊の種を植えていたら菊の花が咲くんだよ。

菊の種を植えておきながら、バラの花が咲くことはないんだよな。わかるかい？

農家の方が菊の種に『あなたはバラになれ、バラになるんだ』と言ったって、バラにはならないの。

『自分が子どもの頃、周りの環境がどうだった、こうだった』と言ったって、あなたのなかには種があって、時期がくれば花が咲くの。

何を言いたいのかというとね。人間、何の努力もしないのもよくないけど、そんなド外れた努力はする必要がないんだよね。

まったくがんばらなくてうまくいかないこともあるけど、逆にがんばりすぎ、がんばらせすぎた結果、うまくいかないことも、たっくさん、あるんだよね」


ひとりさんの話を聞いていて「あぁ、確かにそうかもな」と思ったのは、たとえば、こんな話をよく聞いたからです。

子どもが「サッカー選手になりたい」と言って、一生懸命、練習をします。周りからも「筋がいい」と言われると、親としては「子どもの夢を叶えてやりたい」と思っちゃうことってありますよね？

ところが、どんなに一生懸命やっても、思った通りにいかない……ということもあるでしょう。

そのときに、子どものほうが先にあきらめて、親が「なんで、途中で辞めちゃうの、がんばりなさい」とか言ったりすることがあると思うのですが、あとになってふりかえると「うまくいかなくてよかった」ということも少なくないようです。

たとえ、プロのサッカーチームに入れたとしても、そこで成功するかどうかはわかりません。途中で、「自分は別の道に進もう」ということになって、その道で才能を開花した、というケースも結構あるものです。

「だから、うまくいかないことって、あとからよく考えると、本人に合わないことをやらせたり、やっていたりすることが多いんだよね。

植えたのはコスモスの種なのに、ひまわりの花を咲かせようとする、みたいな間違いをね。それで、夏なのにひまわりの花が咲かないのはおかしいって、こうしなさい、ああしなさい、めいっぱい努力をさせるけど、やっぱり咲かないんだよ。

当たり前だよな、植えたのはコスモスの種なんだから。
そうやって考えると、自然の摂理にのっとって起きてくることに間違いはないね。
うまくいかないのは、努力が足りないか、努力のしすぎ・させすぎ、どちらかだね。
なかでも、意外と多いのは『努力のしすぎ・させすぎ』かもわかんないね」

そう語ったあとに、ひとりさんがぽつり「**恵美子さんの種は〝有名になる〟だな**」って言ったんです。

このとき私はひとりさんが何を言っているのか、よくわかりませんでした。というのは、当時の私は、まるかんの仕事をはじめたばかりで、ひとりさんが開発したサプリをどうやって広めようか、そのことで頭がいっぱいだったからです。

何より、私は子どものころから「想像もつかないくらいのお金持になりたい」という夢をもっていました。

だから、私は心のなかで「もう、ひとりさんったら、何を言ってるんだろう?」なんて思いながら、ひとりさんの話を聞いていたのです。

そんな私の思いを知らないひとりさんは、さらにこう言いました。

「恵美子さんの種は〝有名になる〟だけど、オレは有名になりたくないほうなんだよ。
だからといって、人のさだめに口出しをしたくないいんだよ、オレは。
オレはオレの花が咲けばいいんだよ。
恵美子さんは、恵美子さんの花が咲けばいいの。
いずれにしろ、人はみんな、自分の種がつくりだす道に沿っていくと、うまくいくし、
幸せなんだよね」

そういう話をした何年かあと、ひとりさんの処女作『変な人の書いた成功法則』をプロデュースしたご縁で、本を読むのが苦手だった私が本を出版することになりました。
そして、読者の方やご縁のある人たちから「恵美子社長の話を聞きたい」「講演会はしていないのですか」といううれしい声をいただき、講演活動を開始しました。

このように私は〝ひとつ上〟のことにチャレンジし続けていました。その結果、最近、街中で「柴村さんですよね、ＹｏｕＴｕｂｅ見てます」と声をかけられるようになったのです。ひとりさんが言った通りの展開になり、びっくりコーンの私なのでした。

人間のなかには、
〝間違えることのできない神さま〟
がいるの。
指導霊もついてるの。
だから、好きなようにさせても大丈夫なの。
ウマいことといくようになっているんだよ。

「あの人は、なかなか花が咲かない」って言うけど、そういう時期も必要なんだよ。

田んぼにコメをまいたら、いきなりお米がとれる、ということはありません。人間も同じです。〝いいこと〟を教えたからといって、相手の人はすぐに花を咲かせるわけではないのです。

なかには、教えた直後に花が咲く人もいるでしょう。でも、それは、ちょうど花が咲くタイミングと重なって「教わったら咲いた」ように見えたのかもしれません。

とにかく、〝いいこと〟を教わってもやれない、言うことを聞けない人もいる、ということを、覚えておいたほうがいいと思います。

かく言う私も昔、ひとりさんのアドバイスを聞かず突っ走ったことがありました。そのときに私はいろんなことを学びました。その結果、いまの私がいると思っています。

最近、私がそういう話をすると、「ほっとしました」と言ってくれる人もいます。そういう人と出会うと「人生、起きることに無駄なものはひとつもないな」って思います。〝いいこと〟を教わってもやれない時期も必要なんだなと、しみじみ思うのです。

あの人は絶対に
かわらないんですかって、
そういうわけではないんだよ。
一〇年単位で見ると、
少しはよくなってるの。
ただ、急にはよくならないよ。

人は必ず、自分が咲きたいときに咲くんだよ。
静かに待っててごらん、変化が起きるから。

お米には「早稲《わせ》」と呼ばれるものがあって、それは通常より早い時期に収穫できるお米のことなんですね。人間の場合はどうでしょうか。出会う人によって開花する時期が早まったりすることはあるのでしょうか。

ひとりさんに聞いてみたら、そういうことがあるかもしれないけれど、「早ければいい」ということではないかもしれない、と言われました。

そして、ひとりさんはこう言いました。

「必ず、咲くのは自分なんだ。自分が咲きたいときに咲くんだよ。
相手を説得するんじゃないよ。それよりも、待つんだよ。
時間が味方してくれていると思いながら、静かに待っててごらん。
やがて必ず、変化が起きるから」

囲碁をしていると、
そばで見ている人のほうが
冷静な判断をして
〝いい手〟を発見することがあるんだよ。
人の人生も同じだよ。
第三者の目で自分自身を見ると、
気づくことがあるんだよ。

第三章

円の〝縁〟

仕事・お金がまわるご縁をむすぶ「ひとり言」

ひとりさんも私も、本業は商人です。
お客さまに喜ばれる商品・サービスを提供するのはもちろん、
〝自分〟という人間の魅力も武器にして
お客さまに「また、あなたに会いたい」
「今度は友だちも連れて行きたい」
そう思ってもらうにはどうしたらいいか、
日々、知恵を出し、汗を出し、利益を出し続けることが
〝商人の務め〟だとひとりさんに教わり、実践し続けています。

いま目の前にいるお客さまを大切にするように、
いま自分がもっているお金・モノも大切にしたら心満たされ、
仕事はうまくいき、収入も、お客さまも増えていきました。
この私の体験を踏まえ、ひとりさんから教わったこと
――それはお勤めの方や主婦、学生さんのお役に立つことでもあると
私は思っています――をここではお伝えします。
仕事・お金を運ぶ〝縁〟についての「ひとり言」、
みなさんにお届けします。

〝夢〟がお金持ちになることなら、
それを原動力にして
生きればいいんだよ。

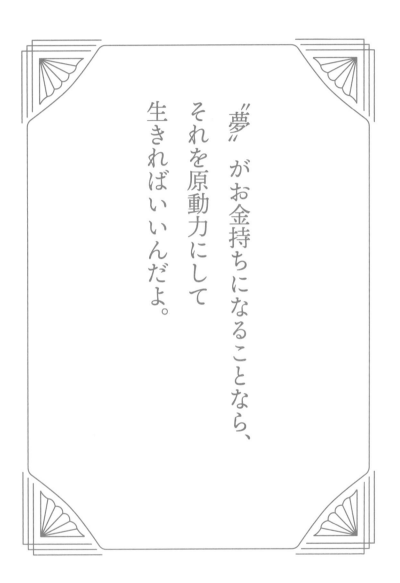

「いまよりお金持ちになる」方法はいろいろあるよ。一歩ずつ手を出し、足を出してあがっていく方法があるんだよ。

お金持ちになることは、みなさんが思っているほど難しいことではありません。

たとえば、学生さんの場合、就職してお給料をもらい、その一割を貯金していけば、貯金した分はお金持ちになれるのです。主婦の方も、毎日貯金箱に一〇〇円または五〇〇円を入れてためていけば、その分は、お金持ちなんです。

お勤めの人だったら「出世しよう」とか、副業とか、いまのお給料にプラスアルファする方法がいろいろあるでしょう。それをやって貯金すればお金持ちです。

簡単でしょ？　実際に「やろう」と思う人が、そんなに多くないだけなのです。

「簡単すぎると、つまらないと思うかもしれないけど、高い山でも一歩一歩足を出し続けていけば必ず頂上にたどり着けるんだよね。お金持ちの夢もそうだよ、一歩一歩なの。そして、一歩一歩が心躍る冒険なんだよね」（byひとりさん）

一気に一〇歩先に行けるような話を聞くと「すごい」と思いがちですが、一歩ずつ足を出して一〇歩先に行ったほうが楽しくて簡単だし、リスクも一番少ないのです。

一歩一歩お金持ちになりながら、
一歩一歩
「自分の魂が成長すること」を考えて、
愛のあるお金持ちになるんだよ。

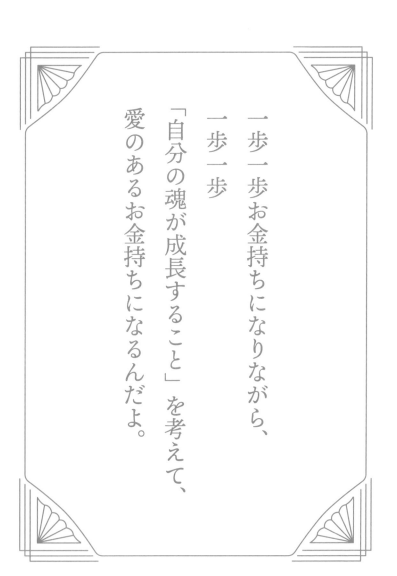

職場で出世するのは「能力のある人間」かというと、そうでもないんだよ。能力があって「頼みやすい」、そういう人が出世するんだよ。

たとえば、おそば屋さんの場合、出前をする際はバイクのほうが小回りが利いて使い勝手がいい。速く走れてもスポーツカーは、おそば屋さんの仕事には不向きです。

それと同じで、外国語が堪能であることは素晴らしいのですが、私の会社は、お客さまはもちろん、取引先も日本の方です。何を言いたいのかというと、出世をするには、その会社・職場で必要な仕事の能力をもっていることが絶対条件です。

それプラス「頼みやすさ」です。書類のコピーなど何か頼みごとをしたときに笑顔で明るく「いいですよ」「おやすい御用です」とやってくれる、そういう頼みやすい人は上司や社長の目にとまります。そして取り立ててあげたいと思うものなのです。

逆に頼みごとをすると嫌な顔をしたり、「なんで私が」と言ったり、頼みづらい何かがあると、どんなに仕事ができても、出世のチャンスはなかなかめぐってこないでしょう。だから「頼まれやすい人になる」ことが非常に大切なのです。

まずは、いつも笑顔を忘れない自分でいることからトライしてみるといいですよ。

ひとつの問題に対して
千の解決法があるって言うんだよ。
そのなかに「上司が嫌だから辞める」
という方法もあるけど、
それだと面白くないって
オレは思うんだ。

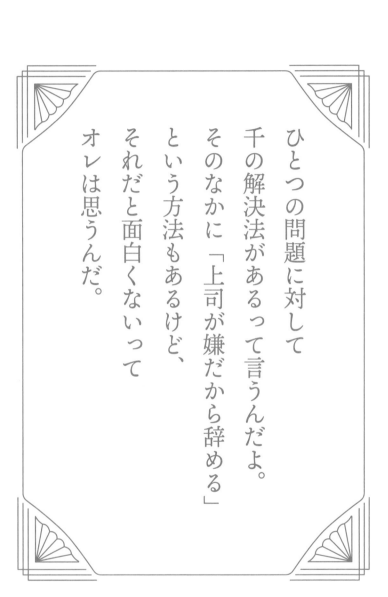

いま自分にできることは、魂的に学んで、自分が威張ったり怒鳴ったりする上司にならないことだよな

いつもブスっとした顔をして部下にいばりちらしたり、ささいなことで怒鳴ったり、そういう上司の下ではたらいている方もいるのではないでしょうか。本音を言えば、こんな上司の顔色をうかがいながら仕事をしたくない。でも、部下は上司を選ぶことも、上司を改心させることもできないのです。人は他人をかえることはできませんからね。

じゃあ、会社をやめられるかというと、そう簡単にはやめられないでしょう。生活をしていくのにお金が必要ですからね。そうなると、まさに八方ふさがりな状況に見えてくるんですが、ただ、空を見あげると、上のほうは、ふさがってはいないのです。

何を言いたいのかというと、上司が不機嫌でいばっていて、気に入らないことがあるとすぐ怒鳴る、そういう上司の下ではたらいている人間がどんなにたいへんな思いをするかを学びながら、「自分は上司の悪口を言わないぞ」って心に決めるんです。

さらに、「自分が上司になったら、こういうことは絶対にしない」と心に誓います。

このように自分の魂レベルをひとつ上にあげると展開がかわってきます。

以前使った手を使った結果、
うまくいかないのなら、
違う手を考えるんだよ。
たとえば、辞める前に
「上司を思いっきりほめてみる」
「自分が店長になったつもりで、
はたらいてみる」とかね。

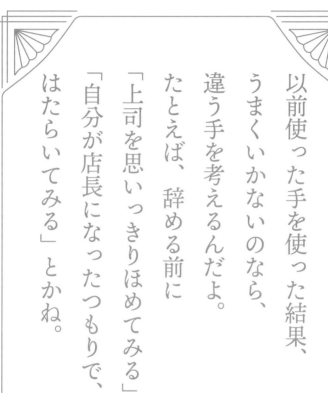

優秀な人間は下にいちゃいけないいんだよ。いばらない人こそが出世しなきゃ、世の中おかしくなっちゃうよ。

職場にパワハラ上司がいるという問題の答えの出し方は、人によってさまざまです。

ちなみに、ひとりさんだったら、どういう答えを出すのか、聞いてみたところ、ひとりさんはこんなことを言っていました。

「その上司にやられて嫌だったことを、自分は絶対にやらないいんだけど、それだけだと、オレは面白くないいんだよ。そうするとオレの場合は、自分がその上司よりえらくなることを考えるんだよ。『今日から自分は店長になったつもりではたらいてみよう』とか。それだけでも楽しいんだよ。社長になろうと思って仕事をすれば、はたらきかたもかわってくる、勉強もするんだよ。思いひとつで人生が急に面白くなってくるよ」

ただし、この回答も、たくさんある答えのなかのひとつです。もし、ここにピンとくる回答がなかったら、ひとりさん直伝の神言葉「ふわふわ」（一八六ページ参照）を唱えてみてください。すると、ふわぁっと心に浮かぶものがあるかもしれません。それを行動に移してみてください。それを何回か繰り返すと〝自分の答え〟が出てきます。

仕事をスタートさせて
はじめていただいたお金で
セーター一枚買って喜んだ
あのときの自分を忘れないことだよ。

基本的に、商人の仕事は「お金をつかうこと」ではなくて「お金を稼ぐこと」「黒字を出し続けること」なの。

ひとりさんや私の本業は商人です。商売をしています。これからお伝えすることは「商人目線の話」になりますので、ご了承くださいね。

さて、読者のみなさんは「いいものは残る」という話を聞いたことはありませんか？　昔から続いている企業・お店は、お客さまに喜ばれる製品やサービスを提供しています。ですから、「なるほど、その通りだ」と思うのも当然かもしれません。

ただ、どんなにいいものを提供していても、赤字続きだと、その企業・お店は続かないのです。ちなみに、ひとりさんはこう言っています。

「商人の仕事は事業をすることではないんだよ、お金を稼ぐことなの。自分が稼いだお金で旅行に行ったり、好きなものを買ったりするのは別に悪いことではないんだよ。自分のお金をどうつかうかは、他人が口出しすることはできないの。仕事のお金はそれとは別の話なんだよ。わかるかい？　商人の仕事は黒字を出し続けることなの。お金をつかうことではないんだよ」

「はたらく」とは、
はた（＝人）が楽になるような何かを
提供すること。
利益は、あなたがはたらいた結果、
お客さんがどれぐらい助かったか、なの。

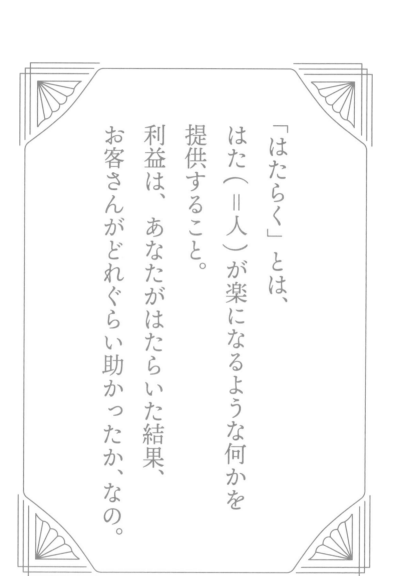

お金を借りてまで仕事をするようになってくると、誰のために自分ははたらいているのか、わからなくなってきちゃうよ。

知り合いの若手経営者と会食する際に、私は「経営者は事業を行うことが仕事だと思っているけれど、実はそうじゃないんですよ。お金を稼ぐことが仕事なんです」という話をすることがあります。みなさん「えっ⁉」という顔をするのですが。

かく言う私も、ひとりさんからこのことを最初に教わったときはびっくりコーンでした。それは、私が「仕事にはお金をかけていいんだ」と思っていたからです。

そんな時代も、いまは昔。現在の私は、仕事でお金を出すときは、その半分の予算で――たとえば一千万円かかる場合は、五〇〇万円で――できる方法はないかな？　って、自然と考えてしまいます。

ひとりさんのおかげで、私の会社は無借金経営、毎日、楽しく仕事ができています。

「商人をやっていて楽しいのは利益が出ているからだよね。商人にとっての利益はお客さまにどれだけ喜ばれたかのバロメーターだからね。それが、お金を借り、返済のためにはたらくようになってくると、楽しくなくなってきちゃうの」（byひとりさん）

商人は、清潔感があって、
豊かそうに見える
身なりをしていなきゃいけない。
「この人から買って大丈夫だろうか」
と思われるような恰好をしてちゃ
いけないよ。

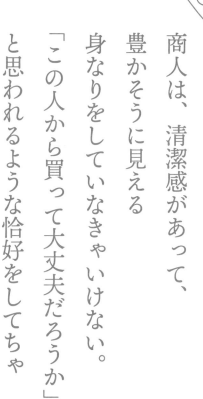

豊かそうな身なりをしていることが、人を豊かにするんだよ。

ひとりさんは**「商人は知恵を出して儲け続ける、お金はなるべくかけないようにするんだよ」**と言う一方で、**「商人は見栄を張らなくちゃいけないよ」**と言います。

どういうことかと言いますと、商人は貧相にしてはいられないのです。

なぜなら、どこの会社・お店でも、すばらしい商品、すばらしいサービスを提供しているなかで商人は「あなたから買いたい」と思われなくてはならないからです。

同じ商品でも、貧相な恰好をしている商人と、豊かそうな商人と、どちらから買いたいかというと、後者の商人から買いたいと思うのが、お客さま心理なのです。

その意味で言うと、商人が豊かそうな恰好をするのは、戦国時代の武士が刀や鎧兜《よろいかぶと》をそろえるのといっしょ。それはある意味、商人にとって必要経費です。

逆を言うと、戦に出ない人、たとえば農民に必要なのは鍬《くわ》や鋤《すき》などの農具であって、それは必要経費なんですが、鎧兜をもとうとするのは無駄遣いなんです。

さて、あなたはどうですか？　必要のない鎧兜をもとうとしていませんか？

商売が安定し、お金回りがよくなるコツは、
いまも昔も、たいしてかわってないんだよ。
一度来たお客さんをまた来させられるか、
つまり、リピーターをどうやってつくるかなの。
そして、リピーターが友だちを
連れてきたくなるかどうか。
それだけの魅力が、あなたにあるかどうか。

お金は大切にしたほうがいいんだよ。
だけどお金だけ大切にしていると、つまんないの。

ひとりさんは見栄について、かつてこんな話をしてくれたことがあります。

「たとえば、自分は千鳥足になるぐらい酔っぱらっているのに、ボトル一本何万円もするワインをオーダーして飲むとする。そのときは味わうために飲んでいるのではないじゃない？　こういうのを、見栄を張るというんだよ。

見栄で飲むのは、ワインも粗末にしているけど、お金も粗末にしているんだよ」

ただし、商人として成長する過程で、「見栄を張りたくなる時期」というのがあってもいいんじゃない？　って、ひとりさんも私も思っています。

そこを通過して「ワインの味なんてわからないのに、お金をつかいすぎちゃって、ふふ、わたしったらおバカさんねぇ」とか思ったら、「必要のないことにお金をつかうのはやめた」と考えをあらためます。

そして、商人の本分「儲け続ける」ことに立ち返ることができるのです。それだけではありません。〝昨日の自分〟より、器がちょっとだけ大きくなっているんです。

不景気とは
「無駄なものにお金をつかわない」
お客さんが多くなることなんだけど、
価値あるものにはお金をつかうんだよね。
じゃあ、「価値あるもの」って何ですか？
商品のよさはもちろんのこと、
それを提供する人間の魅力なの。

いま、自分に与えられている宝に気づくこと。そして、与えてくれた神さまに感謝するんだよ。

私たちは神さまからものすごい宝を、いただいています。

たとえば、頭がそのひとつです。

「お客さまに喜んでもらうために、私は何ができるだろう」

「また、ここに来たいと言ってもらったうえに、友だちまで連れてきちゃう、それぐらい喜ばれるために、自分は何ができるだろう」

そんなことを考えていると、頭はどんどんよくなります。

笑顔や言葉も磨けばみがくほど、お客さまは喜んで、「また、あなたに会いたい」「あなたの店に、また行きたい」そう思うのです。

しかも、頭をつかったり、笑顔と言葉を磨いたりしても、さほどお金はかかりません。

「これだけのものを、神さまがつけてくれているんだよね。お金をつかう前に、頭と笑顔と愛のある言葉をつかって、いまいるお客さまを喜ばせることをすればいいんだよ」（byひとりさん）

「八二《はちに》の定理」というのがあるんだよ。
新規のお客さんを八にしようとしても
なぜか、うまくいかないんだよ。
うまくいかせたかったら、
新規のお客さんは二で、
八は常連のお客さんなの。この割合を
保っている店が盛り上がっているの。

ひとりさん流・楽しい縁学〜師匠と一番弟子の対話❺

「いま、自分がもっているお金、モノ、人が宝なんだよ。縁があってきたんだよ、〝縁《えにし》〟じゃないか」

ひとりさんとドライブに出かけると、訪れた先々でステキな出会いがあります。

〝真珠屋さん〟との出会いも、その一例です。

とある町に、昔、真珠のアクセサリーを専門に販売しているお店があって、そこの店員さんを私たちは勝手に〝真珠屋さん〟と呼んでいたんですね。

その〝真珠屋さん〟がステキなんです。

何がステキかというと、真珠たちと会話ができるんです。

お客さまが真珠のアクセサリーを購入すると〝真珠屋さん〟はその真珠たちをラッピングしながら、

「今日あなたはこういう人のところへ、お嫁に行くんだよ」

「お客さまをより美しくしてあげてね」

真珠に話しかけるんだそうです。

するとね、真珠たちが「じゃあ、行ってきます」とか「幸せにしてきます」とか〝真珠屋さん〟に言葉を返してくれるんだそう。

「真珠と会話ができるなんて……」と思った方も、もしかしたら、いるかもしれません。思ってもいいんですよ。心のなかは何を思おうが自由ですからね。

ただ、私たちは〝真珠屋さん〟みたいな人が好きなんです。

ちなみになんですが、ひとりさんによれば、モノというのは人の思いが創ったから、その思いを大切にしようとする人はモノとお話ができるんだそうです。

「えっ、じゃあ、ひとりさんは、モノとお話ができるの？」

と、私は、ひとりさんに聞いてみたのですが……。

ひとりさんは、ニコっと笑っただけで、私の質問にはこたえてくれませんでした。

ただ、「いま、あるモノを大切にしたくなる」そんな話をしてくれたんです。

それは、こんな話でした。

「この世の中にあるモノはすべて、人間の思いが創りあげたんだよ。

たとえば車だったら、馬に車を引かせるより燃料を燃やして走る自動車があったらいいな、という思いからはじまって、乗り心地のいい車があったらいいな、運転が快適になる車があったらいいなとか、いろんな思いがあるんだよ。最近だと、自動操縦ができるもの、という思いから、そういう車も出てきたよね。

工場ではたらく人の作業着だって、着やすくて、汚れ落ちがよくて、作業中にケガのないようにという思いがあるんだよね。

すべてのモノは思いがつくりあげた〝思いの塊〟なの。

そういう思いを大切にする人は、モノを粗末にしない、大切にするよね。

モノを大切にするっていうのはね、たとえばいま自分が中古の軽自動車に乗っているのなら、『この車が最高なんだよ』とか言って、キレイに磨いてあげるんだよね。

逆に、『オレは中古しか乗れなくて』とか、『この車は一〇万で、安い車なんだ』とかって言っているのを聞くと、おしい！　って思うよ。

何がおしいのかというと、一万円札を一〇枚重ねた上に乗ってごらん、絶対、走らないから。だけど、その中古車は行きたいところへ連れて行ってくれるんだよね。ありがたいでしょ。そのことに気づかないことが、おしい！　と言ってるの。

この車が自分のところへきてくれて、好きなところに行ける、ありがたいなって、そういう気持ちでつかうことが、モノを大切にすることなの。
モノを大切にするから、大切なモノに囲まれて暮らしているんだよ。
お金もそうだよ。人間もそう。
粗末にしちゃいけない、大事にするの。
『こんな程度のもので』じゃないの、自分のものになったら宝なんだよ。
何かの縁があって自分のところへきてくれたんだよ、〝縁《えにし》〟じゃないか。
オレはそう思ってるの。
だから、百均のポーチでも大事にするんだよ。
だから、オレの周りには大事なモノがいっぱいあるんだよ。
お金もそうなの、大事にするからお金もひとりさんのことを大事にしてくれる。
人もそう、オレは人に困ったことがないんだよ。
それは、オレが人を大事にするからなんだよ。わかるかい？
大事にしたものが残るなんだ、って言いたいの」

読者のみなさんは、何を大切にしてきましたか？
いま、自分の身の回りにあるものを見てみてください。自分が何を大切にしてきたのか一目瞭然だと思います。
もうひとつ、質問します。
これから何を大切にしていきたいですか？
ちょっと考えてみてください。
この問いから、いまよりもっとステキな人生がはじまります。

上の人が自分を引きあげてくれる
そう思っているから
上の人に取り入って仲よくなって
と思うけど、
上に引っぱってくれるのは神さまだ
と、オレは思っている人なんだよ。

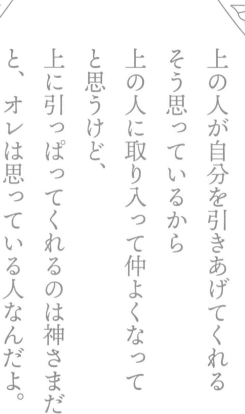

自分の仕事をしっかりやるだけでは人気って出てこないんだよ。自分より立場が弱い人間にやさしくなきゃいけない。

仕事というのは、営業や販売、接客業、クリエイター、お医者さんだってそう、仕事とは、たいてい人気商売です。人の気、人気を集める人には、なぜか仕事やチャンスがめぐってくるようになっているのです。

では、人気が集まる人とは、どういう人かというと、自分の仕事をしっかりやっている、それが第一の特徴です。

ただ、仕事の腕の優劣というのは、意外とそんなに差はありません。たいがいの人は、ちゃんと仕事ができています。おそば屋さんだったら、どこのおそば屋さんでも、ちゃんとおいしいおそばを出しているんです。

そのなかで、ちょっとだけ目立つ何かがあればいいのです。

それは何かというと、ひとりさんは「愛だよ」って教えてくれました。

「愛とは〝やさしい〟ということだよ。とくに、自分より立場の弱い人に対して、やさしくすること。これをやっている人は人気が出てくるよ」（byひとりさん）

人間の魂は旅をしているんだよ。
何度も生まれかわって、
いろんな体験をしながら
自分は分け御霊だと気づく旅をね。

立場的に下の人にいばらず、自分が助けられる人間を助けるの。
それをしていると、神さまはあなたを光らせてくれるんだよ。

「自分より立場的に弱い人間にやさしくする」という話をしましたけれど、立場的に上の人のことはないがしろにしていい、ということではありません。立場が上だろうが、下だろうが、ともに同じ人間なんです。どちらも、大切な「縁」なのです。

ただ、立場的に上の人はたいがい、豊かになる知恵はもっているのです。困ることがめったにありません。

「それなのに、上の人に『何かあったら言ってください』『私どもでお役に立てることはありませんか？』とか、大切にあつかおうとするんだよね、ほとんどの人は。

立場が下の人間には、あまり関心ももたないよね。ていねいに扱う人はめったにいないんだよ。だけど、下の人たちは豊かになる知恵でも何でも必要としているんだよ。

だから、上の人に心配りをするように、下の人にも配慮する。できる範囲でいいから親切にしてあげるの。そうすると、どうなるか。

あなたの魅力が輝くんだよ」（byひとりさん）

時代はかわる。
世の中もかわる。
変化の波を乗り超えるには
何が必要かというと、
熱意、情熱だよ。

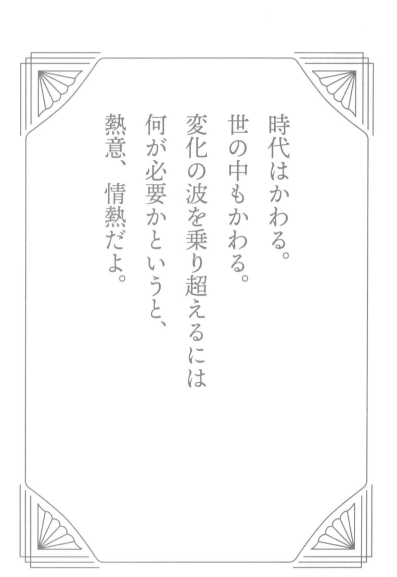

「この会社・この店がなくなったら困る」と思われるぐらい喜ばれるものを提供して利益を出すことに情熱を傾けるんだよ。

時代はかわり、世の中も変化します。そして、ひとりさんは私たちによくこう言っていました。**「世の中がかわったら、われわれもかわるんだよ」**と。

変化への対応策は個々に異なると思うのですが、共通するものもあるんです。それは、ひとりさん曰く、熱意、情熱なんだそう。

「なぜかというと、商人は知恵を出して儲け続けなくちゃならないんだよ。ほとんどの人は知恵を知識だと思っているから、知識をどんどん入れようとするけど、知恵というのは情熱があって出てくるんだよ。

たとえば、二階の窓からステキな女性が手を振っている。その女性にホレた男は、なんとしても彼女に近づくんだ！　そう思ってあの手この手を考えて、二階にいる彼女のもとに行くんだよ。その原動力は何ですかって、情熱だよ。商人もそうなの。おおよそこの世の中にある商品・サービスは『お客さまの喜ぶ顔が見たい』という情熱から生まれたんだよ」（byひとりさん）

すべての仕事は奉仕、専業主婦もそうなんです。
仕事がうまく回っていかない人は、
心のどこかで「自分はたいしたことない」と
思いながら仕事をしてるのかもわかんない。
気づけばいいだけなんだよ、
私がやっている、この仕事は奉仕なんだって。
この〝チンご飯〟は奉仕なんだって。

*ひとりさんはレンジでチンしたご飯を〝チンご飯〟と呼びます。

第四章

出会いと〝縁〟

ほんとうの〝運命の人〟に気づき
〝いい縁〟にかえる「ひとり言」

「縁」という言葉を見て
「人間関係」を思い浮かべる人が多いことでしょう。
それ以外に、「縁」は「かかわり」とか、
〝出会い〟を生みだすきっかけを意味することがあります。
今世、出会う人は、前世もともに笑ったり泣いたりした
「縁」があるから、今世、出会うのです。
もちろん、今世おつきあいする「縁」もあります。
今世「いい縁」をつくることもあれば、

「そうでない縁」をつくることもあります。
つくるのであれば、「いい縁」をつくりたいですね。
前世の「そうでない縁」も「いい縁」になったら最高です。
ちなみに、この本のなかに出てくる
〝運命の人〟とは「そうでない縁のある人」のことなんです。
本章では、みなさんが「そうでない縁」に気づき、
楽しく明るく、その縁を「いい縁」にかえるコツを教えてくれる
「ひとり言」をお届けします。

オレのことを知らない人も、
見たことがない人も、
縁があるから、ここで出会ったんだよな。

「袖すりあうも多生の縁」と言って、遠い過去からの縁で知りあった人が多いんだよ。

ことわざに「袖すりあうも多生《たしょう》の縁」というものがあります。

「多生」とは、今世の人生が終わっても、人間の魂は姿かたちをかえて何度も生まれてくることなんだそうです。

つまり、「多生の縁」とは、何度も生まれかわりを繰り返すなかで生まれたご縁（つながり、または、かかわり）のことを言います。

そして「袖すりあうも多生の縁」とは、道ですれ違ったときに少し肩がふれた程度のかかわりしかない人でも、はるか遠い昔にご縁があったかもしれませんよ、ということを言っているのです。

そういう目で、会う人、会う人を見ていると不思議な気持ちになります。私が出会う人はみな、何かのご縁があった人たちなのです。自分はひとりで生きているのではないのだなあと思います。逆を言えば、みなさんがいるおかげで私が存在しています。

みなさんは私にとって、とても大切な存在なのです。

肉体は滅んでも、魂は永遠不滅だと、
ひとりさんは思ってる人なんだよね。
前世でかかわりがあるから
今世出会うんだよ。
そして今世やり残したことはリベンジで
来世またやるようになっているんだよ。

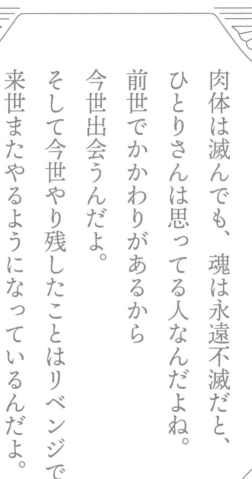

「視野が広い」とか「狭い」とかって言うじゃない？　今世だけ見ていたら、そんなに広くないかもしれないよ。

仲がいい人のこと、親しくてつきあいが長い人のことを「あの人とは縁が深いね」と言うことがありますね。

もちろん〝縁が深い人〟ではあるのですが、みなさんが「あの人、なんだかなぁ……」と思っている人、「なんで、あの人はこうなんだろう」と思っている、その人も〝縁が深い人〟かもしれません。

もし、そういう人との間で、いま何かわだかまりがあったり、何か問題やトラブルが起きていたりするなら、何代か前の人生で、その人との間で起きた問題が解決できていないのかもしれません。ひとりさんはこう言います。

「いま起きている問題を解決しようと思ったら、どういうわけでその問題が起きたのかを見て、解決策を考えるじゃない？　そのときに今世のことだけ見ていたのでは、なかなか解決できないことがあるんだよ。そういうときは〝前世からの課題〟をもちこしている可能性が高いよね」

前世からつきあいのある人でも、
ウマがあわない人っているんだよ。
いい人なんだけど、
自分とはウマがあわない人もいる。

前世に会ったかどうか、どういう関係だったか、何があったかよりも、あなたが今世もっと幸せになろうと思うことが最優先なんだよ。

人間関係で「ウマがあう人」「あわない人」というのがあります。

ここでお話ししたいのは、「ウマがあわない人」についてです。

ウマがあわないのは今世だけではないかもしれません。そう、前世もウマがあわなかった、ライバルやかたき同士だった、かもしれないのです。

前世でかたきだった人が、今世、自分の子どもとして生まれてくることもあります。逆に親になることもあります。あるいは、きょうだい、夫婦になることもあるのです。

一人ずつ会って話をすると、どちらとも、いい人だったりするのですが、二人でいると「ここで会ったが一〇〇年目」という感じで相手を傷つけたり、傷つけられたりするのです。このように生まれかわりながら〝やられたらやりかえす〟関係が続くことを「因果がめぐる」と言います。

ただし、永遠に「因果がめぐる」わけではありません。どちらか一方が幸せのほうに向かいはじめた時点で二人の関係はかわります。

人の足を踏んづけても
自分は痛みを感じないじゃない？
だけど、踏まれると
「こんなに痛いのか」って
わかるんだよ。
わかれば〝前世からの課題〟は
クリアしたの。

前世でこの人をいじめたから自分は今世いじめられるのはしょうがない、という考えになっちゃいけないよ。

たとえば、前世で自分は奥さんをいじめていたとすると、いじめられていた奥さんが今世、自分のダンナさんになって自分をいじめる、ということがあるそうです。

一見すると〝嫌なことをやられたらやりかえす復讐劇〟のようですが、そうではありません。ましてや、天の神さまから罰がくだったわけではないのです。

それは前世から持ち越してきた課題なのです。**〝やられたからやりかえす〟**という関係を卒業して、いまよりもっと幸せで豊かになるために、それが起きているのです。

どちらか一方が「嫌なことをされたら、こんなに嫌な気分がするんだ、ということがわかったから、自分はもうこんなことはやらない」という考えになれば〝やられたらやりかえす〟関係は終わります。

さらに、「もっと幸せになろう」と思って歩きはじめると、自分が幸せになるだけでなく、相手の人も幸せになるのです。

「前世からの課題」で、
自分たちはこういうことを
しているんだって
気づかなくても
体で覚えるから大丈夫だよ。

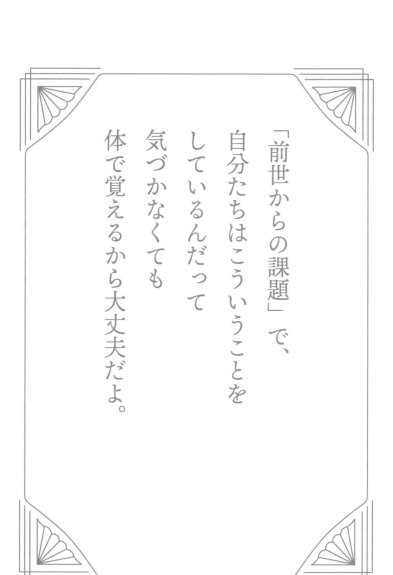

〝やられたらやりかえす〟を繰り返していると、くたびれるんだよ。

くたびれることは、やがて必ず終わるようになってるの。


昔、ひとりさんから愛染明王《あいぜんみょうおう》の話を聞いたことがあります。

愛染明王の像って「愛」を教えてくれる仏像なのですが、一般的に、手が六本、目は三つあって、炎がめらめらと燃えていて怖い顔をしているんです。

炎は焼きもちを焼いていることを表しているんだそう。

そして、三つの目は、「自分の悪口を言っているんじゃないか」とか「浮気をしているんじゃないか」とか、疑っているんですって。そう三つの目をつかって相手を疑いの目で見ているんです。たったひとつの疑いの目で人と接していたってくたびれるのに、三つも……。

そんな、いつも疑いの目で人を見ていたら、これは、めちゃくちゃくたびれるでしょうね。でも、だからこそ「やめた！」って人は悟るのだそうです。

恋人ができるときは、できる。
できないときは、できない。
これは前世からの決めごとなんです。
ただ、「できないときは、
できないほうがいいんだ。
魂の成長でもやってよう」と思うと
恋人が現れるのが早くなる、ことがあるの。

嫉妬やねたみを燃やしつくせば、キレイなものしか残らない。

たとえば、職場の同僚や友だちなど、身近な誰かに〝いいこと〟があったときに、「おめでとう、よかったね」と言えるぐらい、器の大きい人間でありたい、そう思っている人でもね、自分の心をコントロールできなくて嫉妬したり、ねたんだりすることはあるものです。そのときは、そのまま嫉妬やねたみを燃やしていても大丈夫。

もっと燃やして、さらに燃やしているうちに〝燃料切れ〟を起こしてきちゃうからです。ひとりさんはこう言います。

「嫉妬やねたみが燃え尽きたときには、人間本来の〝愛と光〟しか残らない」

ただ、燃やし切るまでの間、自分が痛い思いをすることもあります。その痛みを私は経験したことがあるので、体で覚えることは絶対にしたくありません。

だからなのでしょうか、前世から持ち越してきた課題がいま出てきたなと思ったときは、「自分がされて嫌なことがわかったんだから、課題はもうクリアしたよ、恵美ちゃん、おめでとう」って自分の魂の健闘をたたえ、「いま、ここからもっともっと幸せになるよ、恵美ちゃん。さあ、恵美ちゃん、あなたは何がしたい？」って自分自身に聞いている私がいます。

人生の答えを探すときは、
まず自分の脳に
「もっと楽しくて豊か」という
キーワードをインプットするの。
何か頭に浮かんだと同時に
やすらいだ気持ちになったら、
それが正解なの。

ひとりさん流・楽しい縁学～師匠と一番弟子の対話❻

「前世でかわら版をやっていて『あの代官は悪代官だ』って書いていたのかもな（笑）」

かなり前の話なのですが、ネット上に、ひとりさんのことについて根も葉もないうわさ話が流れたことがありました。

そのとき、私は知人の弁護士に相談しようとしたんですが、ひとりさんがニコニコ笑って「恵美子さん、やめな」って言ったんです（ひとりさんの個人的な意見です。適切な対応策は人によってさまざまです）。

私は納得がいかなくて、「なんでですか！」って言ったんです。

ひとりさんは笑顔をくずさず、こう言いました。

「そりゃあ、オレだって『なんて理不尽なんだろう』って思わなくもないけど、でも、法に訴えるという話を聞いても、なんか、ピンとこないんだよね。

もしかしたらオレは前世かわら版（江戸時代の新聞記者）をやっていて、そのとき、

よく調べもしないで『あの代官は悪代官だ』とかって書いていたのかもしれないよな。いや、ホントに（笑）。

いずれにしろ、このことでオレは根も葉もないウワサを流された人の気持ちが痛いほどわかったよ。これで因果が解消できた、よかった、よかった」

ひとりさんにそう言われても、全然、「よかった」と思えなかった私は、ひとりさんに言いました。「泣き寝入りするつもりなんですか！」って。

そのとき、ひとりさんがこのような話をしてくれたのです。

「世の中って、いろんな人間がいるんだよ。ほめてくれる人もたくさんいるけど、そうじゃない人間も一部いるんだよ。そういうものなの。

日の当たる場所があると、その反対側には影ができるのが自然の摂理なんだよ。

そのなかでオレにできることは、そういう人とはつきあわないこと、そして、その人たちの悪口を言わないことだと思うんだよね。

それよりも、恵美子さんは『復讐するはわれにあり』という言葉を知ってるかい？

『われ』は人間ではなくて、神さまのことなんだよね。

あなたが復讐しなくていいですよ、私がやってあげますから、過ぎたことに心わずら

わせるのはやめなさい、ということなんだよ」

それから、しばらくして、私たちはそういうことがあったことすら、すっかり忘れてしまいました。毎日が充実して、楽しかったからです。

あのあと、神さまは何をなさったのか、私たちにはよくわかりませんが、素晴らしい奇跡が起きました。

ひとりさんの豊かになる考え方が、日本はもとより、ニューヨーク、ロサンゼルス、ロンドン、韓国など海外にも広まり、ファンが増えていったのです。

そして、ロサンゼルスひとりさん会から「恵美子さん、こちらで講演してください」とオファーをいただいて私は渡米し、講演をさせていただきました。そのご縁は、いまも続いているのです。

あのとき、もし裁判を起こしていたら、このようなことが起きなかったような気がしてならない私なのでした。

「自分に乗り超えられない問題は
絶対に出てこない」と信じること。
明るさと、できる範囲内の親切、
これを忘れないこと。

人の魂が何回も生まれ変わるのは、やり残したことがあるからなの。
やり残したことは何かというと「魂の成長」なんだよね。

ひとりさん曰く、
「**人は悩みを利用して悟ることができるんだよね。つまり、〝やられたからやりかえす〟関係を解消しようとすることで、自分の魂を成長させることができる**」のだそうです。ただし、「魂の成長」とは、最高に成長した人間になることではなくて、いまの自分より、〝ちょっとだけ〟成長すればいいのです。

〝ちょっとだけ〟成長の内容は、細かく言えば一人ひとり違うのですが、まずは「**相手の人と距離を置くこと**」が最優先課題だったりします。離れることが難しければ、相手のことを忘れてしまうぐらい楽しいことをして過ごすようにしましょう。

えっ、そんなことをして本当にいいんですかって？　わかりますよ、その気持ち。私もそう思っていましたから（ひとりさん流・楽しい縁学～師匠と一番弟子の対話❸参照）。そんな私が自信をもっておすすめすることが「**離れること**」なんですよね。

「どういう因果で、こういうことが
起きているんだろう」って
考えている間は、
まだまだ過去を引きずっているんだよね。
考えなきゃいけないことは、
いま、ここからの幸せなの。

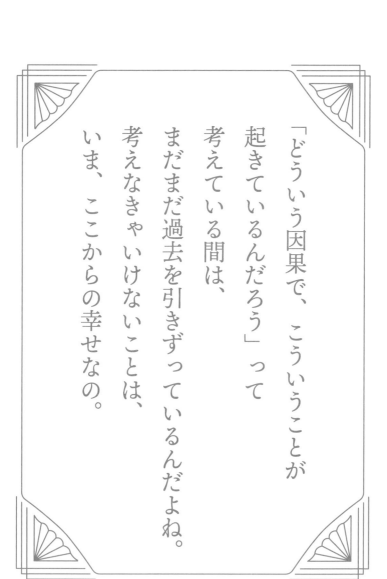

どちらかが避けるか、逃げられればいいんだよ。

前世の課題をクリアするには「まず離れる」ことなの。


「あの人はなんでこうなのかしら」とか「あの人に、こうなってもらいたい」とか、言ったり、思ったりすることはありませんか？

また、相手の人のことを考えてモヤモヤしていることはありませんか？

これらは、あなたの心が相手のことをつかんで離さないでいる、ということなんです。

つまり〝やられたらやりかえす〟関係を卒業していないことの表れなのです。

この状態から抜け出すために、まずは距離を置き、自分の魂を磨くのです。

ひとりさんはこう言います。


「関係をこじらせてしまうのは、相手を直そうとすること、『この人にこうなってもらいたい』と、相手がかわることを期待すること。魂の成長とは、そういうことではないんだよ。相手はかわらなくていいんだ、自分がかわろうと思うこと。

自分がかわるとは、自分がもっともっと幸せになろうとすることなの。自分がもっと幸せになろうとしたときに相手もかわる。なぜなら人は〝かがみ〟だから」

神さまってね、
あなたがもっと幸せになること、
もっと豊かになることを
望んでいるんだよ。
だから、幸せのほうへ、豊かになるほうへ
向かっていけばいいんだよ。

「かえられるのは自分だけ」と言っても、他の人間にはなれないし、なる必要もないんだよ。

「自分がかわる」とは、道徳的に正しい人間になることだと思っていませんか？

ちなみに、ひとりさんは、私たち弟子に正しい人間になるように求めたことが一度もないのです。私たちは、こんなことを言われてきました。

「マグロは回遊魚といって、海の中を泳ぎ回っているんだよ。そういうふうに神さまが創っているのに『イソギンチャクみたいに一カ所に落ち着いていたい』と願っても、できないんだよ。

それよりも、回遊魚のマグロは、神さまが創った通り、海の中を泳ぎ回っていたほうが幸せなんだよね。わかるかい？　自分ではない人間になろうとする必要はないよって、言いたいんだよ。恵美子さんは柴村恵美子として生きるんだよ。

自分を生きるって、どういうことですかって？

まずは自分の好きなことをひとつ増やして、嫌なことをひとつ減らしてごらん」（byひとりさん）

〝因果〟なんて、
闇夜でしか光らないんだよ。

太陽の光がさんさんとふりそそぐ昼日中に
線香の明かり（因果）があっても「ない」のと同じなんだよ。

ひとりさんによれば〝因果〟――つまり、前世から持ち越してきた課題――はお線香に火をつけた程度の明るさしかないのだそうです。

太陽の下で、お線香が燃えていても周りは明るくなりませんよね。

暗闇のなかだったら多少お線香の明るさはわかるけど、お日さまが照っていたら、わからないでしょう。

〝因果〟もそれといっしょなんだそうです。

ひとりさんはこう言っています。


「明るく楽しく生きていると、朝日がのぼるかのごとく、その人のなかから光がパーっとあふれ出てくるんだよ。

非常に明るい光が出てくるから〝因果の光〟があっても『ない』のと同じになっちゃう。消えちゃうの」

自分を愛して他人を愛します。
やさしさと笑顔をたやさず、
人の悪口は決して言いません。
長所をほめるように努めます。

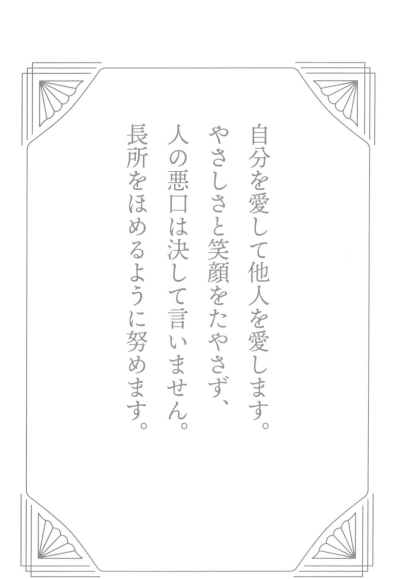

自分の問題はすっきり片づけて、周りにいる人に、自分ができる範囲の親切ができるようになったほうがいいよ。

「自分ひとりだけが明るく光っていてもいいんだよ。その光を見て、周りの人の心にも明かりがともるからね」もっといいのは、周りの人に『あなた、がんばってるね』とか『あなたは、そのままで大丈夫だよ』とか肩の荷を下ろしてあげたり、『あなたのここが魅力だよ』って、心に明かりがともるようなことを言ってあげたりすることなの」（byひとりさん）

そういうことをやっていると何がいいのかというと、自分だけが明るい場合は、たとえば一〇〇ワットの電球が一個ついている程度の明るさなのです。

ところが、周りの人の心に明かりをともしていると、ともした数だけ明るくなるのです。一〇〇人ともせば、一〇〇ワットの電球が一〇〇個ついたのと同じぐらい、明るくなるのです。

「それぐらい明るいと、お線香程度の光があったってわからないの。因果が発動しないんだよ。だから、もっと幸せになってください」（byひとりさん）

ひとりさん流・楽しい縁学〜師匠と一番弟子の対話❼

「努力と忍耐で問題を解決する時代じゃない。これからは楽しく魂の成長をやる時代なんだよ」

前世から持ち越してきている課題を含め、問題に直面したときは「努力と忍耐で解決しなさい」ということを教わってきた方も多いことでしょう。

たいへんな状況であっても辛抱して、「人に親切にする」ことをやり続けるのが「正しい」と言われていた時代もありました。

けれど〝教え〟というものは千年周期でかわるものなのだそうです。

ひとりさん曰く、いまは自分の人生を楽しみながら明るく生き、できる範囲内で人に親切にするほうが、前世から持ち越してきた課題をクリアしやすいのだそうです。

しかも最近は、ひとりさんから教わった神言葉「ふわふわ」を唱えることによって、さらに楽しく解決できるようになりました。

ひとりさんは神言葉「ふわふわ」について、こんなことを言っています。

「『ふわふわ』という言葉が神言葉と呼ばれるのは、どういうわけなんですか、というと、こういうことなんだよ、恵美子さん、いいかい。

『ついてる』とか『絶好調』とかいう明るい波動をもつ言葉があるよね。

『楽しい』『うれしい』とか楽しい波動をもつ言葉もある。

それから『大丈夫』や『なんとかなる』とか、安心の波動をもつ言葉もある。

そういう言葉を唱えると、天と波動があって天のひらめきがおりてくるって言うんだけど、『ふわふわ』という言葉には明るい波動も楽しい波動も安心の波動も、みんな含まれているんだよ。

だから『ふわふわ』という言葉を唱えていると、心配ごとが解決したり、天のひらめきがおりてきたり、幸運なことが起きてくるんだよ」

ひとりさんが教えてくれた神言葉「ふわふわ」には、いつ、どこで、一日何回唱えるのかとか、そんな堅苦しいルールはありません。

あなたが神言葉「ふわふわ」のパワーを必要と感じたときに、いつでもどこでも好きなだけ唱えればいいのです（もちろん、心のなかで唱えても効果がありますよ）。


そうすると何が起きるかというと、あなたが想像する以上の奇跡が起きてきます。

自分の本質は「愛（やさしさ）と光（明るさ）だ」「神さまの分け御霊（四七ページ参照）だ」ということがわかってくるのです。

そんなことを言われても、ピンとくる人はめったにいないかもしれません。

だから、神言葉「ふわふわ」を唱えてみてほしいのです。


唱えていると、ある日、ふわっと、ひらめきがやってきます。

それを行動に移してみてください。

行動すると、うまくいきます。

うまくいっても、自分としては満足がいかない。「もうちょっと、こうしよう」と思うことがあります。それを改良していきます。

これを繰り返しているうちに、**「自分の本質は愛と光なんだ、自分は神さまの分け御霊だから奇跡も起こせるんだ」**ということがわかってきます。

このプロセスがめちゃくちゃ楽しいのですが、それを言葉で伝えるのがなかなか……。だけど私としては、この楽しさをみなさんに体験してもらいたい！

そこで、ひとりさんに相談してみたのですが、そのとき、言われたことは、

「恵美子さん、そんな遠慮なんかしないで、もっと楽しい波動を出しな」

そう言われました。

「映画でも芝居でも、みんなが『あれ、いいよ』『最高だよね』と言っているのを聞いているうちに、なんとなく観に行きたくなるじゃない？　あれと同じでね、恵美子さんが『ふわふわ』の魔法により、楽しくて楽しくてしかたがない、というぐらい、楽しく生きていたら、その楽しさに人は魅力を感じて『やりたくなっちゃった』という人が出てくるよ」（byひとりさん）

かくして私、柴村恵美子は『ふわふわ』の魔法の楽しさを日々、体験し続けております。日々、新しい発見があります。

詳細はまた別の機会にお伝えできたらいいなと思っています。

「努力をするな」と
言っているんじゃないの。
「努力することだけが正しい」と
言いだした
と同時にゴングが鳴るよ、と言ってるの。
努力が好きなのは、個人的な好みなの。

趣味で家庭菜園をやってるのとかわらないの。
家庭菜園が好きな人に
「そんな泥だらけになって何が楽しいの？」
って聞くのも野暮だけど、
「自分で食べる分ぐらい、自分でつくりなよ」
って言うのも
イキじゃないでしょ。

自分がもっと幸せになることを
ゆるしていくと
「ありのままのあなたがいい」
と言ってくれる人が周りに集まってきて
もっともっと幸せになるんだよ。
そのときに悟りがやってくるんだよ。
「あの人のおかげで、自分はこんなに
幸せになった」と心から思えるの。

「ゆるし」とは、「ゆるませる」ということ。自分をしばっている考え方から自分自身を解放することなんだよ。

もっと幸せを追及していくとは、「愛」を学ぶことなんです。

「愛」について学ぶことのなかに、「ゆるせないものをゆるす」というのがあります。ウマのあわない〝あの人〟をゆるすよりも、大切なことがあるんです。

「ゆるす」の「ゆる」は、自分をしばりつけている縄をゆるめる、ということです。人は、自分でも気がつかないうちに、自分をしめつけている考えをもってしまっています。その考えをゆるめるのです。

たとえば、他人に厳しい人がいるとします。そういう人は他人をしめつけているだけでなく、自分自身もしめつけていることが多いのです。

「自分は遊んではいけない」と自分をしめつけたり、「休んではいけない」「豊かになってはいけない」「幸せになってはいけない」など、いろんな観念で、自分でも気づかないうちに自分をしばっていたりすると言われます。

そのような観念を、ちょっとだけ、ゆるくするのがここで言う「ゆるし」なんです。

どこまでも自分をゆるしてあげる。玉ねぎの皮をむいてむいて、芯がなくなるまでゆるしてあげるんだよ。

「ゆるす」って、どうやって自分をゆるすんですか、というと、自分に「ゆるします」と言えばいいのです。心からゆるそうとしなくてかまいません。台本を読んでいるつもりで、言ってみてください。


私はせっかちで、一カ所にじっとしていられない自分に「ゆるします」と言います。

まがったことが大嫌いでゆるせない正義感の強いあなたも自分に「ゆるします」と言ってみてください。


清潔第一、髪の毛一本落ちているだけでもザワザワする自分をゆるします。

休みの日はお昼すぎに起き、化粧もしないでだらだら過ごす自分をゆるします。

家族のためだったらがんばって料理をつくろうとするけど、自分のためにはつくれない自分をゆるします。

嫉妬深い自分をゆるします。

ささいなことですぐ怒る自分をゆるします。

重箱の端を針先でつつくぐらい、いちいち細かすぎる自分をゆるします。

そういうふうに自分をゆるしていくと、人のこともゆるせるようになってきます。

「自分をゆるし、他人もゆるせるようになったときが〝悟った〟ということなんだよ」

とひとりさんは言っています。

ですから、遠慮なく自分をゆるしてあげましょう。

月曜日の朝、会社に行きたくないと思う自分に「ゆるします」って。

それから、病気になった自分に「ゆるします」と言ってあげてください。

「なかなか治らない」と言いたくなる気持ちもわかりますが、病気というのは、ほとんどの場合、そんなに早く治るものではないのです。

それを頭ではわかっていても、「早く治ってほしい」「早く！　早く！」と焦ってしまう自分をゆるしてあげてください。

そうやって、ゆるして、ゆるして、ゆるしてあげる。

それでも、なかなか、自分をゆるせないのだとしたら、そういう自分に「ゆるします」と言ってあげるんです。

そうやって、玉ねぎの皮をむいて、むいて、芯がなくなるまでむくがごとく、自分をゆるしてあげてください。

早く悟ろう、早く悟ろうとするけどね、
人の魂というのは悟りたくて
何回も何回も生まれてくるんだよね。
それを、ちょっとやっただけで「ダメでした」
って、結論を急ぎすぎやしないかい？
それより、「がんばってるね、えらいね」って
自分で自分に言ってあげようよ。

第五章

人と運命

自分のままで運命がかわる、出会いがかわる「ひとり言」

日本では春になると各地で桜の花が咲いて、とてもきれいです。
なぜ、桜はあんなにも美しい花を咲かせるのでしょうか。
それは、桜は春になると陽気にふれて
花が咲くという運命だからだ、という意見があります。
ただ、春でも陽気にふれなかったら花は開きません。
私たちがもって生まれた運命も絶対そうなるか、
というと絶対ではないのです。
いままでと違う何かを心がけることによって

遠い過去から持ち越してきた
〝人間関係の課題〟をクリアすることができる、
それも、その課題に直面する前に。
と、ひとりさんは言います。

そのコツは、人の幸せに貢献すること、なんですが、
ひとりさんから教わった方法は、
自分の幸せと人の幸せ、両方同時に貢献することなんです。
それを教えてくれた「ひとり言」を本書の最後にお届けします。

運命が決まっているんだ、
って言うけど、
運命って、かわるよ。
それも、楽しく笑いながら
かわるんだよね。

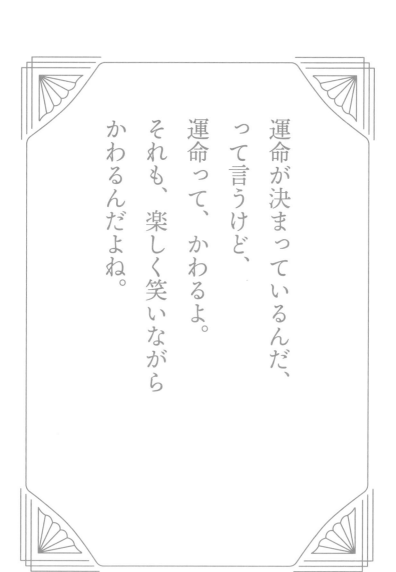

宇宙のどこかに〝アカシックレコード〟というのがあって
そこに過去のデータがあるらしいけど、未来のデータはないんだよね。

ある日、ひとりさんから、おとぎ話のような話を聞きました。

人間の肉体はいつか必ず「死」を迎えるけれども、魂は永遠不滅だ、と。

何度も生まれかわって縁のある人たちとまた出会ったり、別れたり、新しいご縁ができたりするなかで、笑ったり、泣いたり、人を好きになったり嫌いになったり、いろんなことを経験するんだよ、って。

そして、みんなの魂がいままで経験したことすべてが保管されている場所が、この宇宙のどこかにあると教わりました。その場所を〝アカシックレコード〟と言います。

そこに行って、たとえば私・柴村恵美子の魂の全データを取りだしてきて分析すると、私の生き方・考え方のクセが見えてきて、そこから「恵美子さんの未来はこんな感じだ」と、つまり運命がわかるんだそうです。ただ、ひとりさんはこう言っていたんですね。

「このまま行くと運命通りの人生になる。ただ、このまま行くとはかぎらないんだよ」

転んだら泣いたっていい。
「なんでだ！」って叫んでもいいよ。
そこから立ち上がることを
忘れないこと。

運命とは、たとえば「人生お金じゃない」とか、お金を否定的にとらえるクセがあると「お金は大事だ」と思うようなことが起きる、ということ。

人はそれぞれ〝自分の運命〟というのをもって生まれてきています。

たとえば「お金をもつと、人がかわっちゃって人生が狂った」とか、お金は悪いものだという見方をする人がいるとします。

本来、お金には、人生を狂わすようなパワーがあるわけではありません。お金をもつとまるで人がかわって、いばりん坊になるような人は、物々交換の時代に、かぼちゃ一〇〇個をもっていてもいばるのです。

「わかるかい？　自分より立場の弱い人間に対していばりたがるクセをもっているからいばるのであって、お金がその人間をかえたわけではないんだよ」（byひとりさん）

そのことがわかるまでの間、「お金って大切なんだな」と思うようなことが起きてきます。それがその人の運命です。

ただし、天の神さまは「あなたがずっとお金に困り続けること」を望んでいません。「もっと幸せになりなさい」と言っているのだそうです。

人生は後だしジャンケンなんだよ。
ずっとグーを出して負け続けている
ことに気づいたら、
次はチョキか、パーを出せばいいんだよ。
わかるかい？
もっと幸せになりたいなら、
何か、かえようよ、って言ってるの。

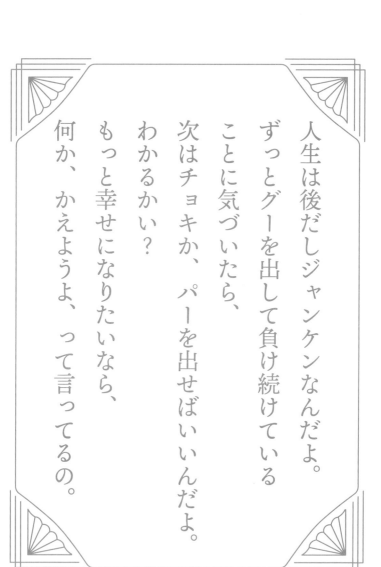

運命とは、このまま行くと運命通りの人生になるよ、ということなの。道を一本かえちゃえば運命通りにはならないんだよ。


未来は運命によってカッチリ決まっているわけではありません。

なぜなら、人には〝自由意志〟というものがあるからです。

ひとりさんはこう言います。

「もっと幸せになろう、もっと楽しくて豊かになろうと思ったときから〝運命の輪〟は動きはじめる、運命がかわってくるんだよ」

たとえば同じ「母子家庭で収入も少ない」環境で育った人でも、「母子家庭だからダメだ」と思う人もいれば、お金のことで困っている母親の姿を見たからこそ「お金を稼いでもっと豊かになりたい」と思う人もいるでしょう。

同じ「母子家庭で収入が少ない」環境を「ダメだ」とマイナスととらえるのか、「もっと豊かになろう」と思うかで、向かう方向がまったく違ってしまうのです。

大阪行きの新幹線に乗っていたけれど、京都でいきなり気持ちがかわり、上りの新幹線に乗り換えたくらい、人生が違ってきます。出会う人間もかわってくるのです。

自分が幸せになることが
縁のある人、周りの人を照らすんだよ。
「幸せになる」と心に決めることによって、
みんなが幸せになっていくんだよな。
すると運命がかわり、人生がかわる。

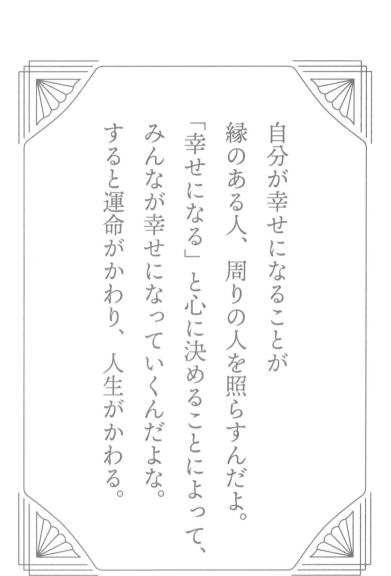

運命をかえる方法は〝人の幸せ〟に貢献すること。コツは「一番身近な人からはじめる」ことなの。

「道を一本かえる」とはどういうことかというと、人の幸せに貢献すること。

ただ、人の幸せに貢献するには、ちょっとコツがあります。

それは何かというと「一番身近な人の幸せに貢献する」ことからはじめるのです。

なぜかというと、たとえば、ビルを建てようと思ったら基礎をちゃんとしないといけないし、一階をつくらないまま、いきなり二階のフロアはできないじゃないですか。それと同じで、一番身近な人をおろそかにして、離れたところにいる人の幸せに貢献することは難しいのです。

えっ、一番身近な人とは誰ですかって？

実は、自分自身なんです。

自分が自分の幸せに貢献するのです。

法律に触れなければ何でもかまいません。いろいろやってみて、自分の心が「楽しい！」と思えることを見つけてください。

自分が幸せになることが、
周りにいるみんなを照らす。
みんなを照らすために
やっているんだから、
ワガママではないんだよ。

本当にやりたいことをやろうと思ったら、その思いを実現する楽しい知恵は絶対、出てくるものなんだよ。

お芝居を見るのが好きな人が、お芝居を見に行くと楽しくて「また観に行きたいな」と思いますよね。だけど、その一方で、「でも、そんなしょっちゅう、観に行っていいのかな」と迷うときもあるでしょう。そんなとき、ひとりさんだったら、行きたい気持ちのほうを大事にするのだそうです。つまり、こう考えるのです。

たとえば、大好きなお芝居を年に一回観に行っていたのだとしたら、「年に二〜三回、観に行けるようになるためには、どうしたらいいだろう」って。

毎月一回、観に行っていたのだとしたら、「月にあともう一回、観るためにはどうしたらいいんだろう」って。

すると、どうなるか。やりたいことをもっとやろうと思ったら、お金が必要になってくるから、一生懸命はたらいてお金を稼ごうと思うのではないでしょうか。それは、全然、悪いことではありません。また、ひとりさんはこんなことを言っています。

「自分のやりたいこと、好きなことに向かって進んで行けば道は開けていくよ」

オレの願いは、自分も人も自由なの。
互いの自由を尊重するんだよね。
自分だけ自由のほうが難しいんだよ。
この人を自分だけのものにしたいと思う
その心がすでに自由じゃないでしょ。

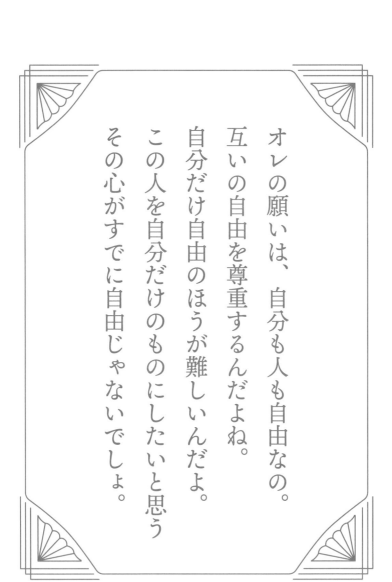

オレは自由に生きたい、自由に生きるための仕事なんだって思うから、仕事までもが楽しくなっちゃうの。

ひとりさんは仕事が大好きです。ドライブ中、楽しい話をしてみんなを笑わせているかと思いきや、突然、仕事のアイディアが浮かんできて、工場の方に電話して打ち合わせをはじめる、ということがあるんです。

そんなひとりさんは、子どもの頃にはたらかないで生きていく方法はないかな？　って考えたことがあったそうです。そのとき、ひとりさんが出した結論は「そんな方法はない」だったと言います。

では、ひとりさんが仕事好きになったのはなぜか、ひとりさんはこう言います。

「オレは子どもの頃から自由に生きたい人なの。だから仕事をするんだと思ったの。だってさ、自由に生きるためにはお金、仕事が必要じゃない？

それで『自由に生きるための仕事なんだ』と思うと仕事までもが楽しくなっちゃうの。なぜなら、仕事をすることでオレは自由という目的に向かっているから。

オレの場合は自由だけど、みんなは自分の〝好き〟を目的にするんだよ」

オレたちは縁のある人に対して
愛を出すことしかできないんだよ。
自分が出せるものは、ささやかな愛だと
あなたは思っているかもしれないけどね、
実は、それがすごいことなの。

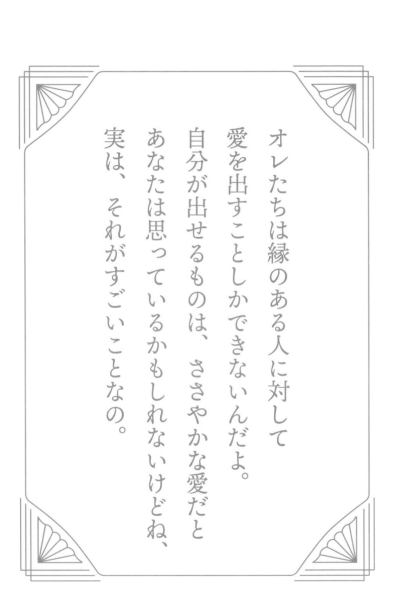

ひとりさん流・楽しい縁学〜師匠と一番弟子の対話❽

「過ちが去る、と書いて過去なんだけど、過ちを帳消しにするには〝奉仕〟がいるんだよ」

ひとりさんに会いに行ったときのことです。

いつものように雑談をしていたら、ひとりさんが、「これ、ちょっと読んでみて」と、一枚の紙を私に手渡してくれました。

その紙には次のような文章が書いてありました。


――最大の奉仕は仕事をすることです。もちろん、無償で行うボランティアも尊いのだけれども、ボランティアは世の中にある奉仕のほんの一部です。専業主婦は〝主婦〟という仕事です。

仕事についていない人は、散歩の途中、道に落ちているクギやタバコの吸い殻を拾うことです。すべてを拾うのが無理なら、そのなかのひとつだけでもいい、拾って歩く。それによって地域の人が歩く道を美しくする、という奉仕が行えます。

具合が悪くて家にいる人は、笑顔でいること、美しい言葉で話すこと、そして、魂の原点「愛と光と忍耐」を思い出すために「ふわふわ」という言葉を言ってみる。それをしばらく毎日やってみることです。

一〇〇〇回を超えた頃から波動がかわり、運勢が好転してきます。

自分以外の人のことで悩んでいる人も、まず「ふわふわ」を唱えること。そして、心が晴々とした幸せな自分でいるよう努めることです。

相手を明るくするよりも、自分が明るくなるように努めるのです。

それが相手を幸せにする一番の近道です。

「相手にかわってほしい」とか、「こうなってほしい」と思っている心は幸せではありません。自分が明るく幸せになることを考えるのです。

それができないのであれば、「ふわふわ」と唱えることです――

ちなみに、魂の原点「**愛と光と忍耐**」とは、〝いのち〟のキャンドルサービスをしてくれた神さまのエネルギーのことです（四七ページ参照）。「ふわふわ」と唱えると、魂の原点のエネルギーで自分のなかが満たされて、めちゃくちゃ幸せになっちゃいます。

私は全文を読み上げると、「これ、何ですか」とたずねました。ひとりさん曰く、

「過ちが去る、と書いて〝過去〟なんだけど、心がつかんじゃって去らない人がいるんだよね。はるか遠い昔に体験した記憶が残っていて、うらんだり、悔やんだり、『自分はあんなことしちゃって』と自分を責めているんだよ」

「なぜ消えないの？」

「マイナスとプラスのバランスがくずれているんだよ。

本来はね、前に自分がマイナスの経験をしたって、今世、自分はプラスの〝いいこと〟をして喜ばれたとき、『やった！　自分はお役に立てたんだ』という喜びで、マイナスが帳消しになるんだよ。

ところが、ほとんどの人は、そういうバランスの法則も、帳消しにする方法を知らないから、今世あらたにマイナスの経験を積んじゃうの」

ひとりさんの話を聞いてピン！　ときた私は言いました。

「私、帳消しにする方法、知っていますよ。神言葉『ふわふわ』を言って、さらに、ひとりさんが教えてくれた『白光の誓い』を実践することじゃない？

自分を愛して他人を愛します。

やさしさと笑顔をたやさず、
人の悪口は決して言いません。
長所をほめるように努めます」
ひとりさんは「そうそう」と大きくうなずくと、こんな話をしてくれました。

『白光の誓い』にある行いを〝奉仕〟と言うんだよ。自分が住んでいる国や地域が明るく豊かな場所になるように尽くすことだったり、自分と縁した人や周りの人たちが明るく豊かになるように尽くしたりすることなんだけどね。

最大の奉仕とは、はたらくことなんだよね。わかるかな？

はたらいていること自体が、奉仕なんだよ。

たとえば、コンビニの経営者は雇用をつくり、税金を払っているじゃない？　それって奉仕なんだよね。

コンビニの店員さんもそうだよ。店員さんから、オレたち、お弁当や飲み物を買ってきて食べたり飲んだりして、助かってるじゃない？

それだけじゃないよ、お給料をもらったら、何か買うじゃない？　洋服を買ったり、ちょっといいレストランでご飯食べたり、どこかに遊びに出かけたりするよね。すると、

洋服屋さんやレストラン、遊びを提供する企業がもうかって、税金を払い、この国の福祉を支え、あらたな雇用を生み出したりして、社会がうまーく回っていくんだよな。

ところが、ほとんどの人は自分がやっている仕事が〝奉仕〟だと思ってないんだよ。自分は誰かのお役に立っているとは思わないで、『自分なんて』って思っているから、マイナスが帳消しにならないんだよ。


いいかい、恵美子さん、しっかり覚えておくんだよ。

天の神さまは、この世の中で人間が奉仕を行うことを求める、っていうんだよ。

そして、仕事とは最大の奉仕なんだよ。

そのことがわかったとき、自分たちは神さまの仕事をしているんだ、というつもりで人ははたらくようになる。そういう人に、天は味方をするんだよ。

運命をかえる、なんて、いとも簡単にできるよ。

何と言っても、天が味方してくれているんだから」

自分の人生って
自分が決めてくるから、
実に都合よくできているんだよ。

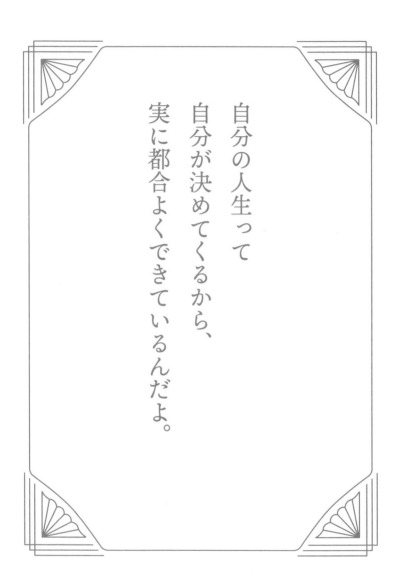

何かがうまくいっていないときに「不幸になる」ような気がしたり、不利益をこうむるように思うけど、長い目で見ると違うんだよ。


ある朝、知人が電話をかけてきて、「明け方に夢を見たんです。うちの母が突然、亡くなったという連絡があって私は繁華街の雑踏のなかで『おかあさん、ごめんなさい！』と泣き叫んでいる夢なんですが、生々しくて」と。私は迷わず言いました。「その嫌な夢は現実にならないよ」と。慰めではありません。本当なんです。

夢だろうが現実だろうが関係なく、経験すると決まっていたことを経験してしまえば「はい、終了、ご活躍さまでした」なんです。

実際あれから一〇年後のいまも知人のおかあさんは元気なんですよね。

人生というのは、本当に困ったことは起きないようになっているのです。

なぜなら、生まれてくる前に自分の人生のあらすじ、すなわち運命を自分自身で決めて出てくるからです。ひとりさんはこう言っています。

「自分の人生を決めるときは、自分にとって不利益なことは絶対に決めない、というルールがあるんだよ。実際、自分に都合のいいことしか起きていないんだよ」

自分の過去、
嫌な思い出も、
やがてはダイヤモンドにかわる。

果実は地に落ちてから芽を出すって、決まっているんだよ。

私たちは、目の前で起きたことに心がとらわれて、一喜一憂することがあります。

そんなときは少し遠くのほうを見てみてください。そうすると「不幸になるわけじゃない」ということが見えてきて、冷静さを取り戻すことがあるんです。

たとえば、親友と疎遠になったからといって不幸になるわけではありません。相手にも素晴らしい出会いと学びがあり、自分にも素晴らしい出会いと学びがあります。

パートナーとの別れもそう。以前、知人がつきあっていた男性に好きな人ができ、フラれてしまいました。知人は生きる気力をなくしてしまったのですが、いまは素敵なイケメンとおつきあいをしていて「別れてよかった」と言っているんですね。

「木にぶらさがっていた果実が目の前で、突然、落っこちた。
それを見たときに『えっ!?』とビックリして、『どういうことなんだろう』って思うこともあるけど、落ちたところで、ちゃんと芽が出て大きくなるんだよね。
『落っこちたからダメだ』というのは自然界にはないんだよ。
自然界の法則は『木の実は落ちて芽を出す』って決まってるの。人間もそう。人生も、木の実が落ちなきゃはじまらないようなこともあるんだよ」（byひとりさん）

自分の豊かさを願い、
他人の豊かさを願う。
それではじめて豊かになれるんだよ。

他人の豊かさを願っているのに「自分はダメなのよ」って言っちゃダメだよ。同じひとつの魂だからね。

初夏になると、ひとりさんの愛車に乗って、ひとりさんと仲間たちといっしょに蓮田を見に行くのが楽しみのひとつです。

水をはった蓮田から緑の茎が伸び、ピンクや白の美しい花たちが笑っている、そんな光景が延々と続くなか車を走らせながら、ひとりさんが教えてくれたことがあります。

蓮の花はひとつの茎にひとつずつ、ついているんですが、その茎は地下でひとつになっているんだそう。人の魂も蓮といっしょで、深いところではひとつ。

だから、自分の豊かさを願い、他人の豊かさを願うといいんです。

魂はひとつだから、他人の豊かさを願うと相手の人も自分も豊かになります。

「他人の豊かさを願いながら、『自分はダメなのよ』とか言ってちゃダメだよ。相手も、自分も、同じひとつの魂だからね。自分の豊かさを願い、他人の豊かさを願うんだよ」（byひとりさん）

自分の、与えられているものが
「最高なんだ」って
オレは思うことにしたの。
そして、神さまに感謝する。

〝自分の与えられたもの〟を否定しないで「得した」「得した」って言っていると、お得な人生がはじまるよ。

ひとりさんから聞いた、こんな話があります。

名家の御曹司が師匠に会いに行ったときに、こんなことを言ったそうです。

「どこへ出かけるにも、おつきの人が何人もついてくる。金魚のフンのように、くっついてきて、嫌だ」

そのとき、お師匠さんが言ったひと言がすごいんです。

「金魚は気にしていないぞ」

何を言いたいのかというとね、豊かになるには〝自分の与えられたもの〟一切合切を肯定することなんです。


「オレは中卒だから得したの。高校や大学に行った人よりも早く社会に出れたから得したの。そうやって、自分の与えられたものを肯定して、得した、得したと言っていると、やがてお得な人生がはじまる。〝いいこと〟が山ほど起きるよ（byひとりさん）

周りが暗いから「嫌になっちゃう」
ではなくて暗いから明かりをつけながら歩く。
そうすると「類は友を呼ぶ」と言って
自分と同じ、明かりをともしながら歩いてる
仲間が集まってくるんだよ。
その仲間とワイワイやりながら
運命がかわるの。

この国に生まれて得した、このモノがあって得した、この人と出会って得した、この自分に生まれて得した。

自分が住んでいる地域、都道府県、国、この地球をほめてください。「ここに生まれてよかった、得した、得した」と。そうすると、地場の神さまが喜んで、あなたにお礼をしてくれます。

自分の身の回りにあるモノや人、一切合切ほめてください。「このモノがあって、よかった、得した」と。身の回りにあるモノをほめると、モノから大切にされます。「この人と出会って、よかった、得した」と周りの人をほめると、周りの人が大切にしてくれます。

「この自分に生まれてよかった、得した、得した」と、自分をほめてください。

私たちの命は神さまの分け御霊、つまり、私たちは神さまなのです。そして、あなたをもっと幸せに豊かにしてくれるのは、あなたの神さまです。その神さまをほめると、ひとりさん曰く、お得な人生がはじまります。

自分が失敗したことを
いつまでも気に病んでいるけど、
人は他人のことは覚えていないんだよ。

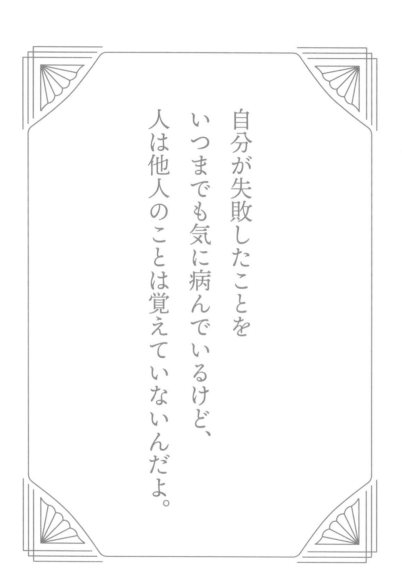

ある日、同級生が「斎藤は生徒会長だったよな」って言うの（笑）。

ひとりさんは、学校時代にいっしょに遊んでいた仲間と会ったときに、ジョークで「オレは生徒会長だったからなあ」と言っていたそうです。すると。

「あるとき、同級生が『斎藤は生徒会長だったよな』って言うの。オレがサボっているのを知っている人から言われたんだよね（笑）。もっと面白いのは、毎日いっしょに遊んでいた友だちがいるんだけどさ。学生時代、オレは英語も何も勉強しなかったんだよ。そのことを一番よく知っている人間が、あるとき『斎藤、おまえ、英語できるか？』って言ってきたんだよ。オレはてっきり、相手はいつものようにジョークを言っているんだと思ったから、『うん、日常会話程度だけどね』って言ったの（もちろん英語は話せません）。そしたら、びっくりだよ。『おまえ、すごいな、いつの間に覚えたんだよ』って言うの」（byひとりさん）

人間というのは、他人のことはあんまり覚えていないのです。それなのに、自分ひとりが過去の失敗をあれこれ気に病んでいる、そんなときがありませんか？

ひとりさんの、このエピソードを読んで、「昔のことを気にしていることが、ばかばかしい」と思ったのなら、いまがチャンスです。運命がかわります。

神さまがいつも願っていることは
ひとりさんはひとりさんのままで
幸せになり、
恵美子さんは恵美子さんのままで
幸せになり、
あなたはあなたのままで
幸せになることなの。

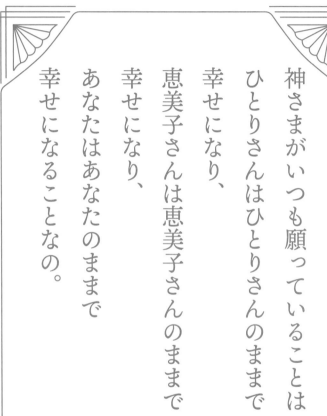

「自分に自信がない」って言うけど、そうじゃない。あなたは慎重なんだよ。

目の前にコップが2つあるとします。

どちらか一方のコップには真水が、もう一方のコップには塩水が入っています。

「真水が入っている」と思ったコップを取り、飲んでもらうとします。

自分の選択に自信がある人は、ゴクゴク、コップの水を飲むのではないでしょうか。

ただ、実際に飲んでみたら「塩水だった」ということもありますよね。

つまり、自分の選択に自信満々だとゴクゴク飲んで「うわぁっ、しょっぱい」ということが起きやすいのです。

一方、自信のない人は慎重に選び、飲むときも指先にちょっとつけたのをなめてみて、「真水だ」と確認してから飲むのではないでしょうか。

何を言いたいのかというと、「自分に自信がない」と思っているあなたは「自信がない」のではありません。あなたは慎重な人なのです、と言いたいのです。

いまが最高なの。
いまが最低なの。

人間国宝級の〝技〟をもっている人って、自信がないんだよ。自信がないから進歩するんだよ。

ひとりさんのそばにきた人は、段々と自分に自信をもつようになってきます。

それは、ひとりさんが「自信をもて」とは言わないからです。そして、自信のない自分のままで「大丈夫」ということを教えてくれるからです。


「人間国宝級の〝技〟をもっている人がいるじゃない？

あの人たちは自信がないから、自分の腕を磨いてきたんだよ。

もし自信満々だったら自分を磨こうとしないよ。磨くのをやめたら、そこで成長が止まっちゃうんだよ。

ところが、人間国宝みたいな人たちが言うことは『いや、まだまだです』と。

八〇歳ぐらいになって、ようやっと『これからです』と言うんだよね。

自分の作品に自信がない、まだ改良点があると思ってるの」（byひとりさん）

大成功をおさめたひとりさんでも、まだまだ改良点があると思っています。

もちろん、私、柴村恵美子も磨きがいがある人間です。

「私は自分に自信がないんです」
そう言っていても、
他人があなたを見たときに
「あの人は自信にあふれてるな」って、
見えたら、他人の見た目が正しいの。

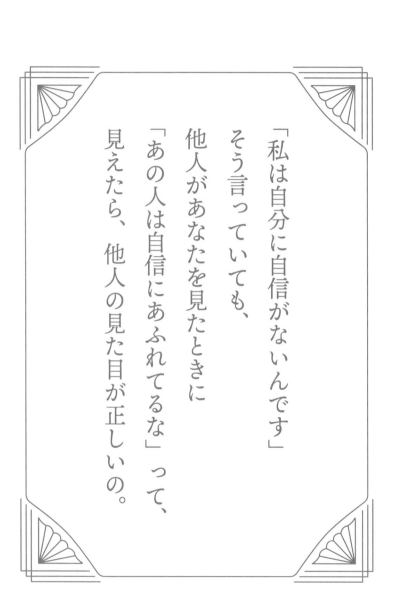

自信なく生まれたのだとしたら、それは神さまが与えてくれた才能なんだよ。

自信のない人は自信のないままで幸せになれます。

自信がない人にも必ず何かできることがあるのです。

さきほど言った「慎重にことをおこなう」ことであったり、自分の能力を過信しないで改良に改良を重ねていったりすることもそうです。

それ以外にも、その人、その人が簡単にできること、たとえば、ネットで調べものをするのが好きとか、踊りが好きとか、旅の計画を立てるのが好きとか、何か簡単にできることがあります。

そういう、自分ができることをやり、またあらたに自分ができることを見つけて、またやっていく。

それを繰り返しているうちに「自信のないままでしあわせになれるって、本当なんだな」って思うことでしょう。

そんなあなたを見た人は、あなたが自信満々で光り輝いて見えるんです。

自信がない人間に生まれた人は、
自信のなさを生かして幸せになること。
自分が幸せになった、
その、なり方を伝えること。
これを「運命を開拓した」と言う。

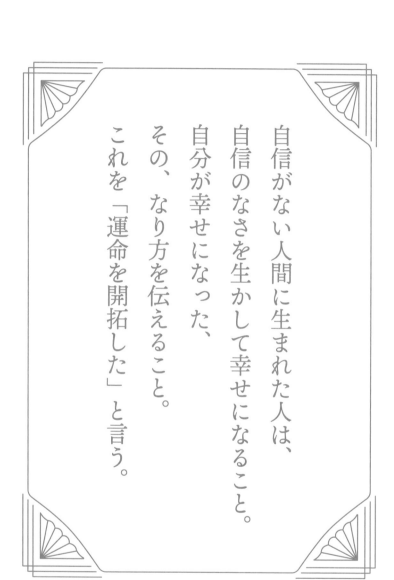

おわりに

私は「自由に楽しく生きる」の一番弟子です！

斎藤一人一番弟子・柴村恵美子

「悟りとは、オレの場合、一生懸命仕事して、やりたいことも全部やって人生を充実させること」

最後までおつきあいくださり、心より感謝いたします。

読者のみなさんに、この本を手に取っていただける前、構想も企画も何もできていない〝形〟になるうんと前の話を、師匠ひとりさんに対する感謝の気持ちを、本書の最後に、お伝えさせていただきたいのです。

ひとりさんは、自分が知っている〝いいこと〟はおしみなく教えてくれる師匠なんですが、「教えない〝教え〟」とでも言ったらいいのでしょうか、日常会話のなかで、ぽつりとつぶやいた〝ひと言〟がだいぶんあとになって、「あぁ、あのときのひと言はこういうことだったのか」とわかることが、私の場合、ものすごく多いんです。

「おわりに」の冒頭にご紹介したひとりさんの「ひとり言」は、ドライブを楽しんでいるときにひとりさんがつぶやいた言葉でした。

この言葉に続いて、ひとりさんはこう言ったんですね。

「オレの、はたらく目的は『自由』なんだよな。
だから、自分が苦しくなるようなはたらき方はやらないんだよ」

ひとりさんの、この言葉を後ろの席で聞いていた私は「ひとりさんらしいなあ」と思いました。そして、「そういうことを、ひとりさんのように、さらっと言えるような人に、私はなりたい」そう思ったのはいつだったでしょうか。あの日のことを思い出す時間もないぐらい、私は充実した毎日を過ごしていました。

月日は流れ、二〇二〇年春――。

新型コロナウイルス感染症の流行にともなってはじまった自粛生活。私は東京のマンションにこもり、リモートで仕事するかたわら、師匠のひとりさんがいままで話してくれた言葉・音声を掘り起こして自分が歩いてきた道をふりかえり〝答え合わせ〟をしていました。

「悟りとは、オレの場合、一生懸命仕事して――」という、あの、ひとりさんの言葉を見つけた私は「あっ、ひとりさんと同じだ」と思ってしまいました。

専門学校時代、ひとりさんと「心が豊かになる会」の活動――白光の誓いの実践――をはじめてからずっと、仕事という奉仕を一生懸命行い、それに対する〝神さまからのごほうび〟で、やりたいことをあきらめることなく、すべてさせていただいているのです。

このような生き方ができるようになるとは、以前の私は思っていませんでした。本当に、ありがたいことだと思っています。

やりたいことをあきらめたことがない私でも、「やりたいけれど、どうしようかな」と、ためらうことが過去に、何度かあったのです。そんなとき、私の背中を押してくれたのは、ひとりさんでした。

「やりたいことは、やっちゃいな。いますぐやっちゃいな」

いつも、ひとりさんは、そう言ってくれていたのです。

たとえば、北海道で指圧治療院をやっていた、ある日のことです。

北海道に遊びにきたひとりさんとおしゃべりしているときに、私は「今度、生まれてきたときは、ディナーショーをやりたいな」と言ったのです。

実は私は、子どもの頃から歌が大好きで、歌手になりたいと思っていました。そして、ディナーショーをやるのが夢だったのです。

ただし、当時の私は「歌手ではない自分がディナーショーなんてできるわけがない」と思い込んでいました。

ところが、ひとりさんは**「やっちゃいな。来世なんて言ってないで、いま、やっちゃいな」**と言うのです。

「えっ」と思ったのですが、ひとりさんの言葉が不思議なパワーとなって私を動かしました。

ディナーショーを開催する場所も音響機材も何も準備していなかったのですが、私は「ディナーショーやります」と知り合いにお知らせしてしまったのです。

ところが、不思議なことに、知り合いのツテで場所や機材を貸してくれる方が現れ、〝本格的なディナーショー〟を開催できることになったのです。

正統派フレンチの専門店で、正装の人々を前に歌を披露できたときは、本当に感無量でした。


また、東京でマンションを探しているときに私は「大阪で自宅マンションを買っちゃったことだし、どうしようかな」と迷っていたのですが、ひとりさんにこんなことを言われたんです。

「〝ふつう〟はマンションを一戸買ったからしばらくは質素に、と考えるよね。

ただ、オレの一番弟子は〝ふつう〟ではないんだよ。わかるかい？

好きなことして生きるのは〝わがまま〟だと言われて嫌われる、そうやって言うけれど、自分の好きに生きて周りの人に愛されればいいんだよね。そのためには、自分は神さまの分け御霊、愛と光だということを忘れなきゃいいんだよね。

一番弟子の柴村恵美子なら大丈夫。私は大丈夫！　って言ってごらん」

そして、自分がやりたいこと、好きなことをすべてやるのに必要なお金は〝奉仕〟という愛をはたらかせることによって得られる――ということを教えてくれたのも、ひとりさんでした。

指圧治療院で指圧師としてはたらきだしてまもない頃、患者さんとのコミュニケーションがうまくいかず、ついグチってしまった私に、ひとりさんは「そんなこと言うもんじゃないよ、恵美子さん」と言って大切なことを教えてくれたんです。

「お金をいただく以上、お客さまに喜ばれなきゃいけないんだよ。それも、ふつうに喜ばれる程度ではなく、『また、あなたに会いたい』と思ってもらえるぐらいじゃなきゃいけない。プロ中のプロにならなきゃいけないよ」（byひとりさん）

ひとりさんの、この言葉に「はっ」として目が覚めた私は、その後、先輩たちの施術を見学させてもらったり、指名の多い指圧師さんの施術を受けに行って勉強し、「お客さまに『また会いたい』と思ってもらうために、自分は何ができるか」を考え、思いついたことを試して改良して、また試して改良する——を繰り返し、おかげさまで指名ナンバーワン指圧師になったんです。

その後、ふるさとの北海道で指圧治療院を開業したときも、ひとりさんが私の治療院をたずねてきたときに私に言ってくれた、

「この場所を一〇〇％活用しているかい？」

このひと言がきっかけで、また私の意識がガラっとかわったんです。

「指圧師として技術を売る」という考え方から「技術はもちろん、この場所を使ってお客さまを喜ばせることは何だろう、自分は何ができるだろう」にかわりました。

そうして私は起業家の道へ一歩、足を踏み入れていったわけです。

そこから〝年商三五億の社長〟と呼ばれるようになるまでに十数年はかかったのですが、ふりかえってみると、楽しいことしか思い浮かびません。

経営者の方たちとお会いすると「社長は孤独だ」というお話を聞くこともあるのですが、私はありがたいことに「社長が孤独だ」と思ったことが一度もありません。

北海道で治療院を開業したばかりの頃、施術ベッドを買ったり内装工事をするのに、貯金を使い果たしてしまって、お財布に三〇〇〇円しかなかったこともあるのですが、そのときですら、私はひとりではありませんでした。

師匠のひとりさんがいて、仕事を応援してくれる家族と地元の友だちがいました。それだけではありません、お客さまが自分の家族やお友だちをつれてきてくれたり、助けてくれたんです。

その後、私は指圧師をやめ、ひとりさんの銀座まるかんの商品を販売する会社を立ち上げることになるのですが、そのときに以前お客さまだった方がスタッフとなり、いまも私を支えてくれています。

こんなふうに、いろんな方に愛されて助けていただける人間になれたのは、ひとりさんの言葉、立ち居振る舞いを見ながら、

「人の幸せに貢献することを、一番身近な人からはじめて周りに広げていく」

ということを覚えてこれたからだと思っています。

そして、このことが私の運命をかえたのです。

かつて〝気さくな指圧師の恵美ちゃん〟と呼ばれていた私は〝三五億の女社長〟とし

てはもちろんのこと、四〇万部超の「引き寄せシリーズ」をはじめとする自己啓発書の著者であり講演家として、さらにはひとりさんの教えをラップにした「アキンド・ファイター」を歌う〝謎のラッパー〟として知られるようになったのです。

＊

東京のマンションで自粛生活を送っている間、自分が歩いてきた道と、ひとりさんの言葉「ひとり言」がピタッ、ピタッと、面白いように一致するのを確認していた私のなかで「ひとりさんの言葉を次の世代に残していきたい」という思いがどんどん、どんどん強くなっていきました。

そうしてできたのが、この本です。

みなさんが、この本を開いたときに、何かピンとくる言葉があったら。

あるいは、「もっと幸せ」「もっと豊か」のほうへ向かっている、みなさんの背中を押す、そんな言葉があったら、ぜひ、縁のある人にシェアしてください。

ちなみに、「自分が知った〝いいこと〟を自分の周りにいる人に伝える」ことを〝**徳を積む**〟と言います。

自分が積んだ徳は、回りまわって、自分のところに戻ってきます。

これが、この世の中の成功法則だと、ひとりさんから教わりました。

この本を通じてご縁ができた読者のみなさんが、ますます幸せに、より豊かになることを私は祈っています。

最後になりましたが、私の漠然とした思いに耳を傾けてくれた編集者・鈴木七沖さんと内外出版社のみなさん、そして今日まで私を支えてくれたすべてのみなさんと、見えないご縁に、心より感謝します。

ひとりさんとお弟子さんたちのブログについて

斎藤一人オフィシャルブログ

https://ameblo.jp/saitou-hitori-official

ひとりさんが毎日あなたのために、ついてる言葉を、
日替わりで載せてくれています。ぜひ、遊びにきてください。

斉藤一人公式ツイッター

https://twitter.com/O4Wr8uAizHerEWj

お弟子さんたちのブログ

柴村恵美子さんのブログ
https://ameblo.jp/tuiteru-emiko/

舛岡はなゑさんのブログ
https://ameblo.jp/tsuki-4978

みっちゃん先生のブログ
https://ameblo.jp/genbu-m4900

宮本真由美さんのブログ
https://ameblo.jp/mm4900

千葉純一さんのブログ
https://ameblo.jp/chiba4900

宇野信之さんのブログ
https://ameblo.jp/nobuyuki4499

尾形幸弘さんのブログ
https://ameblo.jp/mukarayu-ogata/

斎藤一人
（さいとう・ひとり）

実業家。「銀座まるかん」（日本漢方研究所）の創業者。
1993年以来、毎年、全国高額納税者番付（総合）6位内にただ1人連続ランクインし、2003年には累計納税額で日本一になる。土地売却や株式公開などによる高額納税者が多いなか、納税額はすべて事業所得によるものという異色の存在として注目されている。近著は『斎藤一人　龍の奇跡を起こす　ふわふわの魔法』（けやき出版）『斎藤一人　成功は愛が9割！』（PHP研究所）など。その他、多数の著書がすべてベストセラーとなっている。

柴村恵美子
（しばむら・えみこ）

銀座まるかん柴村グループ代表。
斎藤一人氏の一番弟子にして、著述家・講演家。
18歳のときに斎藤一人氏と出会い、その肯定的・魅力的な考えに共感共鳴し、一番弟子となる。全国高額納税者番付で師匠の斎藤氏が日本一になった時に自身も全国86位という快挙を果たす。柴村グループ代表として活躍しながら師匠の楽しくて豊かになる教えを実践、普及している。近著の『斎藤一人　龍の奇跡を起こす　ふわふわの魔法』（けやき出版）の他、累計40万部を突破した『引き寄せシリーズ』（PHP研究所）など多くのベストセラーを発表し続けている。

斎藤一人さんの“ひとり言”　出会いで人生は輝く

発行日　2023年4月10日　第1刷発行

著　者　斎藤一人　柴村恵美子
発行者　清田名人
発行所　株式会社内外出版社
〒110-8578 東京都台東区東上野2-1-11
電話 03-5830-0368（企画販売局）
電話 03-5830-0237（編集部）
https://www.naigai-p.co.jp
印刷・製本　中央精版印刷株式会社

ISBN 978-4-86257-655-2 C0030

【内外出版社の本】

天 外 伺 朗 の「 新 ・ 意 識 の 進 化 論 」

「自己否定感」
怖れと不安からの解放

定価1,980円（本体1,800円+税10%）

ISBN978-4-86257-556-2

「融和力」
混沌のなかでしっかり坐る

定価1,980円（本体1,800円+税10%）

ISBN978-4-86257-606-4